Edição original em língua inglesa publicada pela Morgan James Publishing, © 2020, Dan Cockerell.
Edição brasileira em língua portuguesa © 2021, Buzz Editora.
Todos os direitos reservados.

Publisher ANDERSON CAVALCANTE
Editora TAMIRES VON ATZINGEN
Assistente editorial JOÃO LUCAS Z. KOSCE
Tradução ERIKA NOGUEIRA VIEIRA
Preparação FERNANDA MARÃO
Revisão CRISTIANE MARUYAMA, LIGIA ALVES
Projeto gráfico ESTÚDIO GRIFO
Assistente de design FELIPE REGIS

Nesta edição, respeitou-se o novo
Acordo Ortográfico da Língua Portuguesa.

Dados Internacionais de Catalogação na Publicação (CIP)
de acordo com ISBD

C666s
    Cockerell, Dan
    Os segredos da Disney para encantar e fidelizar
    seus clientes / Dan Cockerell
    Traduzido por Erika Nogueira
    Tradução de: *How's the Culture in Your Kingdom:*
    Lessons from a Disney Leadership Journey
    São Paulo: Buzz, 2021
    240 pp.

    ISBN 978-65-86077-73-5

1. Administração. 2. Liderança.
I. Nogueira, Erika. II. Título.

	CDD 658.4092
2021-2590	CDU 65.012.41

Elaborado por Vagner Rodolfo da Silva CRB-8/9410

Índice para catálogo sistemático:
1. Administração: Liderança 658.4092
2. Administração: Liderança 65.012.41

Buzz Editora Ltda.
Av. Paulista, 726 – mezanino
CEP: 01310-100 – São Paulo, SP
[55 11] 4171 2317 | 4171 2318
contato@buzzeditora.com.br
www.buzzeditora.com.br

Dan Cockerell

os segredos da

Disney

para encantar
e fidelizar seus clientes

Para os membros do cast *do Walt Disney World.*

9 Prefácio
13 Introdução

21 **PARTE 1 Autoliderança**
27 Capítulo 1: Preparo físico
41 Capítulo 2: Preparo mental
59 Capítulo 3: Preparo moral
68 Capítulo 4: Organização, priorização e
habilidades de planejamento

79 **PARTE 2 Liderança de equipes**
85 Capítulo 5: Selecionar e reter novos talentos
99 Capítulo 6: Relacionamentos
108 Capítulo 7: Estabelecer expectativas
117 Capítulo 8: Recompensa e reconhecimento
125 Capítulo 9: Dar feedback efetivo

135 **PARTE 3 Liderança organizacional**
141 Capítulo 10: Visão organizacional
149 Capítulo 11: Estratégia
156 Capítulo 12: Padrões de qualidade
162 Capítulo 13: Treinamento
170 Capítulo 14: Desenvolvimento
174 Capítulo 15: Avaliação
182 Capítulo 16: Acessibilidade e disponibilidade
189 Capítulo 17: Parceria e colaboração

195 **PARTE 4 Liderar mudanças**
201 Capítulo 18: Aprimoramento contínuo
207 Capítulo 19: Fazer a mudança
214 Capítulo 20: Navegar por novas águas
221 Capítulo 21: Criatividade e inovação

229 Conclusão
233 Agradecimentos
235 Sobre o autor

Prefácio

Durante meus 41 anos de serviço no Exército norte-americano, liderei soldados tanto em tempos de paz como em combates de todos os níveis. Posso certamente reconhecer bons líderes quando os vejo. Daniel Cockerell não é apenas um bom líder... É um líder excelente.

Conheço Daniel há muitos anos, e o observei a distância conforme subia a escada da liderança na Disney com uma velocidade impressionante. Seu sucesso não foi baseado tão somente em seu charme, mas sobretudo em sua habilidade de aplicar princípios de boa liderança e desenvolver um clima produtivo em cada organização que dirigiu. Em cada um dos casos, isso criou uma cultura de excelência.

Neste livro, Daniel Cockerell aborda a questão da construção de uma cultura de excelência em organizações. Ao fazer isso, ele discute as áreas de Autoliderança, Liderança de equipes, Liderança organizacional e Liderar mudanças.

Daniel é um brilhante contador de histórias que usa experiências pessoais de sua carreira de 26 anos na Disney Corporation para ilustrar lições essenciais de liderança. E o faz maravilhosamente.

Leva habilmente princípios essenciais de liderança e os destila em linguagem simples, que pode beneficiar líderes de todos os níveis. Seus insights são absolutamente relevantes para qualquer profissão. Ao longo de todo o livro, ele é genuíno, cativante e efetivo.

Daniel faz mais do que apenas oferecer considerações sobre a teoria da liderança. Ele oferece passos concretos e técnicas recomendadas que líderes podem empregar. É algo que líderes de todos os níveis almejam. Ao ler este livro, era como se eu estivesse conversando com um amigo querido e me beneficiando de seus 26 anos de lições aprendidas.

Os insights em liderança que Daniel compartilha nesta obra vão beneficiar qualquer pessoa que aspire a ser um líder. Se você estiver à frente de uma organização militar, uma unidade de negócios ou uma organização beneficente, vai, definitivamente, tirar proveito deste livro.

LLOYD J. AUSTIN III,
General do Exército
norte-americano (aposentado)

Introdução

Em 2018, eu deixei uma carreira de 26 anos na Walt Disney Company. Durante as quase três décadas que passei na Disney, ocupei dezenove cargos diferentes, de funcionário do estacionamento no Epcot a vice-presidente do Magic Kingdom em Orlando, Flórida, o maior parque temático do mundo. No Magic Kingdom, liderei 12 mil membros do *cast*, o termo que a Disney usa para designar os funcionários – e um termo que reflete bem o compromisso coletivo de criar um espetáculo único de imersão para todos os visitantes.

Por ter passado quase toda a minha vida profissional na Disney, a metáfora com a palavra reino (*Kingdom*) não deve surpreender. Afinal, todos operamos em diversas "bolhas" ou tipos de reinos: nossa vida pessoal, nossa equipe, nossa organização. Quando comecei a trabalhar na Disney, em 1991, eu sabia muito pouco sobre como aplicar a liderança no mundo real ou como conquistar sucesso em um ambiente profissional. Mesmo com a melhor formação da área, precisei de muito tempo, muitos erros e muita autorreflexão para aprender a liderar bem e criar a cultura certa. No começo eu achava que a liderança era exatamente o que fazíamos para nossas organizações. À medida que o escopo das minhas responsabilidades aumentou, percebi que, para ter um impacto efetivo e positivo, eu precisava, primeiro, liderar bem meus subordinados diretos, esperando com isso guiá-los em direção aos meus objetivos para a organização.

Por fim, ficou claro que nada disso aconteceria se eu mesmo não estivesse apto a liderar. Só então eu poderia ter a força e a habilidade para liderar minha equipe e subsequentemente causar um impacto na organização como um todo.

Essa percepção elementar – *de que a autoliderança é crucial para a liderança organizacional* – foi a lição mais valiosa que aprendi em quase três décadas na Disney. Estruturei minha formação de liderança em torno dessa lição, ajudando todos os membros do *cast* a se tornarem líderes liderando bem, em primeiro lugar, a si mesmos.

Desde que deixei a Disney, estabeleci como minha missão ajudar líderes em outras organizações a seguir essa percepção – a se autoliderar, a liderar suas equipes e suas organizações efetivamente, nessa ordem –, porque a realidade é que, quando você começa a se autoliderar bem, sua equipe e sua organização começarão a melhorar também. À medida que a velocidade da mudança alcança novas altitudes, ela exige que sejamos mais maleáveis, adaptáveis e inovadores; isso é similar a operar em modo de transformação e avaliar constantemente como podemos nos adaptar a uma nova realidade, seja emocional, ambiental ou tecnológica.

Assim como a manutenção impecável que os membros do *cast* realizam na Disney para oferecer experiências excelentes aos visitantes, todos nós precisamos fazer manutenções pessoais e internas em nós mesmos para nos tornarmos líderes de impacto em nossas vidas pessoal e profissional. Isso começa por meio de um processo de constante autorreflexão, crescimento e comprometimento com a autodisciplina. Isso é verdadeiro seja qual for o reino que você lidere.

DEIXE O SOL BRILHAR NA CULTURA DA SUA ORGANIZAÇÃO

Com a formação em administração tradicional, medimos produtividade, receita e outros indicadores-chave de desempenho, os KPI (*key performance indicators*, em inglês). A verdade é que os KPI são apenas resultados ou indicadores do passado da gestão de um negócio de sucesso. São as pessoas que entregam esses resultados, e, para que ofereçam seu melhor desempenho, elas precisam estar em um ambiente em que se sintam apoiadas e incentivadas ao longo do processo. É aqui que entra a cultura organizacional.

Cultura é o ambiente amplo em que vivemos, trabalhamos e atuamos – é o fator com maior influência em nosso humor, nossa atitude e nossa motivação. Você verá seus indicadores de desempenho melhorarem mais rápido à medida que os membros de sua equipe se tornam mais comprometidos com as tarefas que realizam. Gosto de equiparar a cultura ao clima. Quando o sol está brilhando e o tempo está bom, é fácil ser positivo, envolvido e comprometido. Quando chove ou quando há uma tempestade de raios, todos querem correr para procurar abrigo. Quando operamos sob céus auspiciosos em nossa organização, estamos mais motivados e animados, mais efetivos e realizados. A equipe toda pode sentir isso – líder feliz, equipe feliz... e uma equipe feliz torna uma organização mais dinâmica, eficiente e bem-sucedida.

Quando era vice-presidente do Magic Kingdom, minha equipe e eu tínhamos que lidar com muitas questões relacionadas ao clima que iam de calor extremo e umidade a aguaceiros torrenciais e às vezes até furacões. Cada mudança de tempo alterava tudo no Magic Kingdom, das tarefas dos membros do *cast* à experiência de nossos visitantes. Não havia pó mágico suficiente para influenciar a Mãe Natureza. Por outro lado, aprendi que o clima em nossos reinos pessoal e profissional está sob nosso controle. Podemos inventar o "clima" ideal e o ambiente certo para nós mesmos, nossas famílias e nossas organizações. Não apenas temos a habilidade de fazer alguma coisa a respeito como isso também é de nossa responsabilidade. Neste livro, vou compartilhar com você exatamente como aprendi a influenciar a cultura em meu reino.

O QUE ESPERAR

Fui coach e mentor de líderes rotineiramente durante minha carreira na Disney, fui meu próprio coach e mentor e sabia que eu tinha que continuar para além dos muros do Magic Kingdom. Passei mais de duas décadas melhorando como líder e servindo aos outros. Desde que deixei a Disney, uma das minhas experiências profissionais mais gratificantes tem sido ajudar líderes a se tornarem mais bem preparados para servir aos outros, capacitar suas equipes para uma melhor performance e construir suas organizações para serem mais bem-sucedidas. Como Alexander Hamilton disse com tanta eloquência: "Um legado é plantar sementes em um jardim que você nunca verá". Se, com este livro, eu puder ajudar líderes a influenciar a cultura em seus reinos, vou deixar um legado muito além daquele que tinha imaginado em 1991, quando comecei na Disney.

Li em algum lugar que deveríamos dedicar os primeiros 25 anos de nossa vida aprendendo, os 25 anos seguintes fazendo e os últimos 25 anos ensinando. Bem, eu acabei de completar 50 anos, então parece que estou no caminho certo. Dividir minhas experiências e as lições que aprendi tem sido estimulante e gratificante.

Ao longo deste livro vou compartilhar o que devemos fazer enquanto líderes em casa e no trabalho para nos tornarmos mais fortes e deixarmos um legado que nunca veremos. Não estou falando sobre feitiços ou pó mágico, mas sobre ferramentas e insights que testei pessoalmente com as várias equipes, grandes e pequenas, que liderei durante minha carreira.

Essas ferramentas funcionam bem porque me ajudaram a melhorar e apurar meu foco. Nenhum líder pode estar em todos os lugares ao mesmo tempo. Temos que priorizar nosso tempo, nossa atenção, nossas tarefas, nossa estratégia, nossos objetivos e até nossos relacionamentos.

Escrevi este livro para pessoas que vivem no mundo real, com questões reais e com prazos reais. Eu o escrevi para líderes ocupados no trabalho e em casa, dividindo-o em quatro seções: Autoliderança, Liderança de equipes, Liderança organizacional e Liderar mudanças. Nessas quatro partes, compartilho histórias e lições práticas, assim como ferramentas de autoavaliação e práticas recomendadas com base em pesquisas. No fim de cada capítulo, você também vai encontrar um plano de ação chamado "Acelere seus Resultados" a fim de ajudá-lo a estabelecer prioridades e a melhorar nas áreas mais importantes de sua vida para que tenha maior chance de alcançar resultados positivos e sucesso.

Além de discutir as ferramentas necessárias para a autoliderança, a liderança da equipe, da organização e da mudança, vou ajudá-lo a priorizar os aspectos mais importantes de sua vida e manter firme o foco em cada um deles. Desse modo, você poderá determinar como deve empregar seu tempo, tomar decisões melhores e saber quando sacrificar uma coisa por algo mais importante.

Como líderes, está sob nosso controle e nossa responsabilidade criar a cultura correta para nossas organizações. Isso também é a coisa mais importante que você pode fazer para o sucesso daqueles com quem interage.

COMO USAR ESTE LIVRO

A vida é movimentada. Eu entendo. Temos tantas coisas espremendo nosso tempo. Ouvimos milhares de mensagens conflitantes sobre negócios e a vida do cotidiano. Não é fácil se motivar a alguma coisa nova, especialmente quando não estamos certos se ela vai funcionar. É difícil continuar quando acontece uma adversidade. E, vamos encarar, a adversidades *sempre* acontecem. Em algum momento, vamos lutar contra a falta de clareza, a falta de tempo, a falta de motivação e até com a falta de autodisciplina – eu superei todas elas e ajudei milhares de outras pessoas a atravessar esses desafios.

Imagino que algumas pessoas podem não ter muito tempo extra para ler este livro de cabo a rabo. Se este for o seu caso, não tema. Estruturei a obra para que o avanço seja rápido, com lições fáceis de aplicar. Você encontrará vitórias rápidas e ações passo a passo para continuar melhorando. Se você ler este livro inteiro, provavelmente vai ver que os temas se encaixam. Mas você também pode achar que precisa de mais ajuda com algumas áreas do que com outras. A maioria de nós tem áreas fortes e áreas de "oportunidade". A estrutura vai ajudá-lo a ver a quais delas precisa prestar mais atenção e encontrará as ferramentas de que precisa na seção "Acelere seus Resultados" de cada capítulo.

QUAL É A CARA DO SUCESSO

Antes de seguirmos para a primeira parte – Autoliderança –, gostaria de reservar um minuto para refletir sobre a percepção de sucesso em nossa sociedade. À medida que envelhecemos, minha esposa e eu tivemos muitas conversas sobre nossa vida. Passei a acreditar, a partir dessas conversas, que as pessoas demais permitem que os outros definam quais devem ser seus objetivos e qual é a sua visão de sucesso. É claro, as mídias sociais têm contribuído muito para esse fenômeno. Eu costumava lutar contra isso, também, comparando minha situação à dos outros para determinar se eu era "bem-suce-dido" ou não. Eu fazia isso em todo lugar. Com as mídias sociais, é comum vermos fotos perfeitamente enquadradas da vida de outras pessoas e chegar à conclusão que nossa vida devia se parecer exa-tamente com aquilo.

Olhando para trás, me dou conta de que isso não faz sentido al-gum. Fora das molduras de qualquer foto perfeitamente enquadrada do Instagram, são grandes as chances de você encontrar um bebê cho-rando, uma esposa estressada ou um fiasco financeiro. O empreen-dedor de sucesso que você admira pode não ter qualidade de vida alguma. Aquele corredor que você está tentando alcançar durante a corrida pode ter muitos anos a mais de treinamento do que você.

Determinar *o seu* sucesso com base na vida dos outros não fun-ciona. Mesmo que quisesse, você não tem como saber o suficiente sobre a vida das outras pessoas para fazer uma comparação precisa. Então, meu conselho enquanto você avança com sua leitura, reflete e parte para a ação é *corra sua própria corrida*. Use as ferramentas e os insights como marcos para se tornar um líder transformacional e criar a cultura correta para o seu reino. Mas *apenas você* deve de-cidir qual é o parâmetro de sucesso em sua vida; *apenas você* deve determinar seus objetivos e decidir quando os alcançou.

Se toda essa conversa sobre enquadramento e se *autoliderar primeiro* é nova para você, eu entendo. Pode ser difícil mudar depois de anos ou até décadas agindo de outra maneira. Mudar é difícil. Criar novos hábitos é difícil. Tentei muitos novos hábitos durante minha vida que falharam tantas vezes quanto funcionaram. No entanto, nunca parei de pensar em melhorar e nunca parei de tentar melhorar. Ao longo do tempo, isso me ajudou a usar minhas falhas para abastecer um futuro melhor.

Como o contra-almirante Charles Norville Payne – meu avô – sabiamente me disse há muitos anos: "Faça o melhor que puder e depois se perdoe". Isso é realmente tudo o que podemos fazer. Vamos começar!

PARTE 1

AUTOLIDERANÇA

Como muitos líderes militares atestariam, em um conflito, a surpresa é uma certeza. Até os planos mais bem-feitos podem mudar ou não dar certo, uma vez que os colocamos em prática. Não importa o escopo da batalha, podemos saber e contar com os resultados até certo ponto. Em antecipação a esse elemento-surpresa, a melhor estratégia é aumentar nosso nível de prontidão geral. Meu avô costumava contar de sua vida no USS *Columbia* durante a Segunda Guerra Mundial. Cada simulação e cada procedimento importavam e podiam significar a diferença entre a vida e a morte em uma missão.

Da mesma forma, liderar uma equipe e uma organização exige uma variedade de competências, uma boa dose de vigor e preparo em antecipação do elemento-surpresa. No entanto raramente admitimos o fato de que o sucesso não pode acontecer se não estivermos bem preparados ou "aptos a liderar". Isso requer introspecção, disciplina e comprometimento. Mas o fato é que muitos de nós acordam a cada manhã para seguir com o dia sem nos colocarmos estas perguntas importantes:

- Estou bem preparado?
- Estou dando a mim mesmo a minha melhor chance de ser bem-sucedido?
- Qual é a minha visão de sucesso?
- O que vai ser preciso para chegar lá?

Não pensamos conscientemente sobre o que nos torna eficientes e bem-sucedidos. Contamos com pura força bruta e improvisação para resolver a maior parte das questões urgentes e prementes diante de nós. Enquanto isso, falhamos ao reduzir consideravelmente a lista de coisas que realmente importam. De algum modo, nunca conseguimos identificar a origem de nossos problemas diários a fim de gerar soluções para criar melhoras sistemáticas em nossa vida e nos tornarmos líderes mais efetivos e pessoas mais felizes.

Precisamos assumir o controle das áreas mais significativas de nossa vida. Quão facilmente nos esquecemos de que as próprias forças que nos tornam bem-sucedidos na vida são as primeiras que sacrificamos: bem-estar físico, mental e organizacional. Quando as ignoramos, tudo se torna mais difícil e mais estressante. Cumprir nossa responsabilidade para com nossa família e nossa carreira já é difícil o suficiente. Por que não marcar as cartas em nosso favor e nos colocarmos na melhor posição para poder lidar com esses desafios?

Quando eu era jovem, queria mudar o mundo.

Achei difícil mudar o mundo, então tentei mudar meu país.

Quando achei que não podia mudar o país, me concentrei em minha própria cidade.

Eu não consegui mudar a cidade, e, como homem mais maduro, tentei mudar minha família.

Agora, como homem mais velho, me dou conta de que a única coisa que posso mudar sou eu mesmo, e de repente percebi que, se tivesse realizado essa mudança em mim mesmo há muito tempo, eu poderia ter causado um impacto na minha família.

Minha família e eu poderíamos ter causado um impacto em nossa cidade. Esse impacto poderia ter mudado o país, e eu de fato poderia ter mudado o mundo.

MONGE DESCONHECIDO, 1100 D.C.

Seja pessoal ou profissionalmente, a vida é muito mais fácil de navegar quando estamos preparados para ela, e nós *de fato temos* a habilidade de nos preparar. Isso significa tomar conta do que é básico e nos autoliderar em primeiro lugar. Isso é muito simples – mas não é fácil. Requer disciplina, determinação e atenção para que seja efetivo. Agora, você provavelmente está pensando: *Vamos lá... todo mundo sabe disso!* É só o que você tem a oferecer? Mas continuamos a ouvir sobre esses passos importantes – e então simultânea e alegremente os desconsideramos. Você não acredita em mim? Olhe ao seu redor. Nosso mundo está cheio de líderes sobrecarregados, estressados e fora de forma cuja saúde está no limite. A qualidade de vida deles está na corda bamba, e eles estão seguindo rumo a um desastre. Quando comecei a escrever, considerei colocar esta seção de "Autoliderança" no fim do livro, replicando de fato o que tendemos a fazer em nossa vida cotidiana, que é postergar nosso bem-estar pessoal para uma brecha mais adiante no tempo. Então, sob o risco de entediá-lo, decidi manter este capítulo no início de minha mensagem de liderança porque você não pode atuar efetivamente como líder, sócio, marido ou pai dedicado a não ser que esteja saudável e em forma. Você pode ter de ouvir essas verdades simples mais uma vez. E, se desta vez em particular acabar sendo seu chamado à ação, terei sido bem-sucedido em impulsionar a jornada de torná-lo um líder melhor.

Conheci do jeito ruim o preço de não tomar conta de mim primeiro. Acontece muito facilmente quando você trabalha em um lugar que nunca fecha, emprega milhares de pessoas e recebe outras milhões – como o Magic Kingdom. Essas lições duras me fizeram voltar o foco ao que era essencial para mim.

Capítulo 1

Preparo físico

Em uma desanimadora manhã de dezembro chegou o veredito: 102 quilos! Eu tinha "tropeçado" em nossa balança, que estava estranhamente no meu caminho do chuveiro para o closet. Será que minha esposa a tinha deixado ali? Será que era uma coincidência ou um "toque" deliberado e não tão sutil da minha cara-metade? Nunca saberemos, mas, naquele momento, o número que disparou diante dos meus olhos tinha toda a minha atenção. Este foi o primeiro sinal, o indicador crítico de peso que era resultado de muitos dias de alimentação desregrada, de falta de exercícios e de falta de atenção à minha sensação de bem-estar em geral. Ele insidiosamente me tomava e não tinha realmente feito "a minha ficha cair" até aquela exata manhã.

O momento me levou a fazer uma avaliação do meu peso, minha força, meu vigor, meu sono, minha dieta e, mais em geral, quão fisicamente confortável eu me sentia em minha própria pele. A imagem mental que esbocei estava longe da ideal. A culpa se instalou. Não tanto por causa do número que aparecia na balança, mas sobretudo porque eu sabia que podia fazer mais do que ignorar essa parte da minha vida. No entanto, eu não estava esperando por aquilo. Os anos de negligência tinham provocado um lento declínio no vigor, uma deterioração gradual da minha força, uma atrofia na minha determinação para me exercitar.

Algumas pessoas passam por eventos traumáticos ou doenças que podem resultar em uma súbita queda em seu bem-estar físico, mas a maioria de nós é apenas uma presa fácil do tempo. Fingimos ser vítimas de um processo natural chamado envelhecimento, mas, na verdade, somos alvos fáceis e cúmplices, nos rendendo sem muita luta. Em média, ganhamos um quilo ou dois por ano, o que é insignificante o suficiente para relevarmos, mas multiplique isso por quinze, vinte ou trinta anos e você se verá em uma balança uma manhã se perguntando: "O que aconteceu?". Aquele foi o meu momento, o *meu* despertar.

Hora de traçar um limite e encarar o problema. Não há causas específicas para o que pode provocar seu próprio despertar, mas uma vez que a deterioração acontece gradualmente e nos surpreende, devemos todos ficar vigilantes.

A verdade é que não importa se você pesa 136 quilos ou 68. As perguntas mais importantes a fazer são: "Eu estou confortável? Eu me sinto saudável? Consigo atuar com segurança e eficiência? Estou oferecendo a mim mesmo as melhores chances para ser bem-sucedido?". Não há regras com as quais se adequar, nenhum cenário perfeito, nenhum formato ou modelo – apenas: "Estou fisicamente apto para fazer o meu melhor?". Se a resposta for não, é hora de procurar soluções.

A não ser que viva em outro planeta, você já deve ter ouvido falar em como os exercícios lhe dão vigor, a dieta correta lhe dá energia e dormir revigora o corpo e a alma. Então não vou explanar sobre a ciência específica por trás dos motivos pelos quais exercícios, nutrição e sono são essenciais, mas vou compartilhar o que funcionou para mim e tem ajudado algumas das pessoas de quem fui mentor ou coach.

Existe apenas um objetivo aqui: autoliderar-se para ser uma versão melhor de si mesmo. Seu caminho para melhorar a saúde física será diferente do meu e dos caminhos de outras pessoas. Mas ter um plano estratégico é essencial se você quiser se tornar a melhor versão de si mesmo e aumentar seu vigor, sua resiliência e sua segurança para liderar sua família, sua equipe e sua organização.

ENCONTRAR A MOTIVAÇÃO

O preparo físico trilhou um longo caminho desde os tempos antigos, quando a proposição de valor para se manter em forma era simples:

se não estivéssemos em forma ou se não fôssemos rápidos o suficiente, passaríamos fome ou algo nos devoraria. Encontrar motivação suficiente era simples. Hoje, podemos não passar fome ou ser literalmente devorados se não estivermos fisicamente em forma, mas quanto mais em forma estivermos mais energia, clareza mental e confiança teremos à nossa disposição.

No meu caso, administrar o Magic Kingdom exigia uma grande dose de vigor para transitar em meio aos visitantes e me esquivar de centenas de carrinhos de bebê ou cadeiras motorizadas. Ao mesmo tempo, eu precisava de algum nível de funcionalidade mental para me relacionar com os membros do *cast*, tomar decisões e atender bem a todos os visitantes. Enquanto a maioria dos trabalhos em escritório não exigem o mesmo nível de preparo físico que administrar um parque temático que funciona 365 dias por ano, os melhores líderes não ficam atrás de suas mesas o dia inteiro. Eles circulam pela empresa, relacionam-se com seus colegas, membros da equipe ou clientes. Fazem perguntas, sondam, investigam e criam estratégias – e têm que tomar decisões inteligentes durante esse processo. E, claro, o preparo físico tem impacto além de nossa vida profissional. E quanto àquele novo hobby a que você tem pretendido se dedicar? E quanto a passar mais tempo com seus filhos fazendo palhaçadas ou atividades ao ar livre? E quanto àquelas horas que você iria dedicar a um trabalho voluntário?

Assim que adotei um estilo de vida mais saudável, minha energia recém-descoberta e corpo e alma descansados me permitiram alcançar muito mais: eu me tornei um aspirante a praticante de kitesurfe (ainda um "work in progress"), me lancei no projeto "desentulhar", sobre o qual minha mulher vinha me importunando, e também passei a realizar algumas tarefas domésticas regulares, para deleite dela. Fiz passeios não planejados com as crianças para jogar frisbee e passei a trabalhar mais horas como voluntário na Junior Achievement, uma organização com a qual estava envolvido havia mais de uma década. De forma geral, recuperei uma sensação de plenitude que me escapava fazia alguns anos. Além disso, meus níveis de estresse e de culpa diminuíram. Descobri que podia pensar clara e objetivamente sobre prioridades, abordar questões de modo efetivo e ser mais proativo de maneira geral em vez de retornar às minhas reações automáticas de sempre.

Sua lista obviamente será diferente da minha, mas, se estiver buscando motivação, considere todas as coisas que você "pretende fazer" e que "nunca consegue fazer" todas as vezes que dispensa convites de última hora porque não tem energia, e todo tempo de qualidade que perde porque está exausto demais para fazer qualquer coisa além de dormir ou desabar irrefletidamente diante da televisão. E se você pudesse fazer mais com uma versão melhor de si?

CRIAR UM PONTO DE PARTIDA

Avaliar objetivamente seu bem-estar geral com frequência é um bom ponto de partida. Fazer um check-up anual é outro. Como diz o ditado: "O que mensuramos podemos melhorar". Alguns de nós (sobretudo os homens) relutam mais em fazer uma visita anual ao médico – será nossa tendência inerente a sermos "machões" que nos impede de admitir que não somos invencíveis? Os homens costumam se agarrar à ideia de que precisam ser fortes e autoconfiantes e, estatisticamente, não procuram opinião médica até chegar à casa dos 50 anos. Seja qual for o seu gênero, marque um check-up anual. Não espere que apareçam sintomas ou que uma dor fique aguda para procurar um médico.

É importante estabelecer uma referência de sua saúde geral para que, quando algo der errado, aquele que for cuidar de você saiba com exatidão como é o "você saudável". Um bom relacionamento com seu médico é igualmente importante, já que você vai se sentir mais confortável para ser 100% honesto sobre todas as coisas, desde seu histórico familiar, seus hábitos diários (é apenas uma taça de vinho *de verdade*?) e suas preocupações. Seja proativo com os funcionários do escritório sobre atualizar e otimizar registros médicos – quase todo consultório ou laboratório hoje disponibiliza os resultados de exames em um sistema on-line que também pode ligar indicações e outras informações médicas decisivas. Com as novas tecnologias, é possível agendar consultas e fazer acompanhamento médico virtual, então, já que nunca tivemos tanto acesso às informações sobre nossa própria saúde, por que não aproveitar os recursos disponíveis?

ENCAIXAR EXERCÍCIOS FÍSICOS EM SUA VIDA ATRIBULADA

Para descobrir o que é certo para você, esqueça os detalhes dos exercícios por um minuto. Concentre-se em tempo e conveniência; ter consistência é o que realmente importa. Seja realista. Comece fazendo o que pode funcionar com sua agenda. Se você perdeu totalmente o hábito se exercitar, agora é um ótimo momento para experimentar. Ajuste o despertador para tocar uma hora mais cedo e faça uma corrida antes de sair para o trabalho, encontre um amigo para uma partida de tênis no horário de almoço ou faça uma aula de spinning no final do dia antes de voltar para casa. Você gosta de se exercitar sozinho? Com música? Fazendo aulas? O que lhe dá uma injeção de endorfina? De pedalar a caminhar até ioga ou boxe, as opções estão por toda parte. Então, nada de desculpas.

Quando você encontrar uma atividade que o agrada e que se encaixa em seu estilo de vida, reserve tempo em sua agenda e defenda esse tempo como você defenderia uma reunião importante. Eu coloco meus treinos na agenda assim como qualquer outra reunião. Eles são as *minhas* reuniões com o *meu corpo*. Se você for esperar que surja tempo para ir à academia, sempre haverá questões mais urgentes e isso simplesmente não vai acontecer.

Pense assim: nós não deixaríamos nossa casa se deteriorar com mofo, janelas quebradas, vazamentos e infestações de insetos. Por quê? Porque seu valor se depreciaria. Do mesmo modo, você não quer deixar seu corpo entrar lentamente em decadência. É difícil imaginar que isso vai acontecer quando se está na casa dos 20 ou dos 30 anos. No entanto, é apenas uma questão de tempo antes que o envelhecimento ou o desgaste autoinduzido cobre seu preço. Você será capaz de fazer menos com seu corpo, ele vai ceder mais rápido, e sua qualidade de vida e energia irão se deteriorar.

Nós devemos cuidar de nosso corpo durante nossa vida toda. Quando investimos em sua manutenção por meio do exercício, da alimentação e do descanso, recebemos um retorno imediato do investimento na forma de força, vigor e poder. Nós também recebemos um retorno em longo prazo na forma de vida mais longa, em ainda mais e melhores experiências, e maior sucesso na vida e nos negócios. Então dê uma boa olhada em sua agenda, encontre a quantidade de tempo apropriada para se dedicar ao seu bem-estar e se comprometa com ela.

CRIAR A MELHOR ROTINA DE EXERCÍCIOS

Em fevereiro de 2019, completei 50 anos. Meus amigos da época do ensino médio e eu planejamos uma viagem de comemoração para um resort *all-inclusive* na Costa Rica. Nem é preciso dizer que as noitadas foram muito divertidas, abastecidas por coquetéis exóticos e muitas histórias de nossa juventude que recontamos inúmeras vezes.

Já as manhãs... essas já eram um pouco mais difíceis para a maioria de nós. Não importa. Nossa amiga Missy estava determinada a se levantar cedo e realizar o que ela chamava de "sua palavra" do dia. Todos nós ficamos intrigados com o que ela queria dizer com isso. "Sua palavra", ela explicou, era parte de uma rotina de "exercícios do alfabeto" que ela seguia. Essa rotina envolvia usar uma lista de 26 exercícios aeróbicos e de força, como polichinelos, abdominais, agachamentos e flexões. Missy tinha uma lista de A a Z, com um exercício e um número de repetições ao lado de cada letra.

Missy tinha que completar o que equivalia a uma palavra de exercícios por dia. Por exemplo, se a palavra do dia fosse papaia, ela teria que fazer uma série de trinta roscas diretas com halteres (quinze para cada P em *papaia*), 150 polichinelos (cinquenta para cada A) e dez abdominais (pelo I). Para cada dia, ela tinha uma palavra diferente e, portanto, uma série diferente de exercícios para fazer. Todos estávamos impressionados com sua força de vontade, embora tivéssemos descoberto que sua motivação era outra. Missy estava praticando com a filha de 20 anos, Kaylee. As duas compartilhavam e comparavam seus treinos por meio de seus relógios Apple. Seus exercícios individuais eram diferentes, mas uma mantinha a outra comprometida. Nenhuma delas procrastinava por medo de ser chamada de preguiçosa. Missy tinha construído um novo hábito divertido e motivador para ela e sua filha, e um "novo normal" para sua rotina diária.

"Comece onde você está. Use o que você tem. Faça o que você puder."
ARTHUR ASHE

ENCONTRE ALGO DIVERTIDO

Os "exercícios do alfabeto" de Missy podem não ser para todo mundo, mas eram divertidos para ela, que podia treinar em qualquer lugar, a qualquer momento, até depois de uma noitada que fazia o restante de nós dormir até tarde. Por mais simples que pareça, o melhor modo de encaixar o exercício em sua vida ocupada é começar a fazer alguma coisa que você considere divertida e interessante. Se for divertido, é muito mais provável que nos exercitaremos quando estiver frio ou quando estivermos cansados; do contrário sempre encontraremos muitas desculpas criativas.

Você se conhece melhor do que ninguém, então não deixe outra pessoa definir o que é diversão para você, assim como não deve deixar que os outros definam sua visão de sucesso. Eu prefiro variar meus exercícios e alternar entre várias atividades – corrida, natação, bicicleta, musculação, esqui, kitesurf, escalada e um jogo de rúgbi ocasional. Encontre algumas atividades de que gosta e comece. Se você estiver se movimentando regularmente (e mais do que costumava), está no caminho certo.

O IMPORTANTE É MELHORAR

A única pessoa com a qual você deve competir é consigo mesmo, então evite deixar que a condição física de outras pessoas o influencie.

Se você passar alguns minutos nas mídias sociais, vai ler histórias e ver fotos de pessoas que estão em melhor forma do que você ou terminando treinos mais extremos. Isso pode ser bastante desmotivador. Você vai se deparar com pessoas bem-intencionadas e cheias de conselhos para dar, que vão contar tudo sobre suas atividades e sugerir programas de exercícios, aulas ou academias na cidade. Ficamos tentados a considerar essas pessoas como exemplos, mas lembre-se de que elas podem estar meses ou anos à sua frente, que seus corpos são diferentes e que a capacidade de recuperação delas é diferente da sua. Elas podem se divertir fazendo coisas diferentes. Aprenda o que puder com elas, mas continue com *seu* plano, *sua* ideia de diversão, *sua* própria realização. Caso contrário, você pode acabar desistindo ou até se machucando. Lembre-se de correr sua própria corrida.

Não deixar o treino de outras pessoas ter um impacto negativo em suas atividades físicas é difícil quando se é tão competitivo quanto eu. Com o tempo, aprendi a me lembrar de que preparo físico não tem a ver com *vencer,* mas com *melhorar.* Então, quando alguém compartilha uma condição física de sucesso, eu parabenizo e incentivo, mas aprendi a não compará-la com minhas próprias realizações. Ao mesmo tempo, eu me encorajo com uma ideia em mente: se continuar a me exercitar, vou continuar melhorando. Então, vigio meu progresso e me forço a ir um pouco mais adiante a cada dia.

Eu também gosto de me lembrar do princípio básico dos SEALS da Marinha norte-americana sobre capacidade física: quando você começa a ficar mentalmente pronto para desistir, quer dizer que usou apenas 40% da sua capacidade. Isso quer dizer que nunca temos que competir com outras pessoas; temos apenas que competir com nosso instinto natural de desistência. Se nos treinamos a persistir até acharmos que estamos a ponto de desistir e então nos forçarmos a ir um pouco mais adiante, continuamos aumentando o limite. À medida que nossa condição física melhora, nossa mente ainda vai nos dizer para desistir quando alcançarmos 40% da capacidade – mas o nível também vai continuar aumentando. Estamos todos apenas jogando um jogo mental. Como diz a frase famosa de *sir* Hillary: "Não são as montanhas que conquistamos; somos nós mesmos". Só vamos saber do que somos capazes quando conquistarmos a nós mesmos. Você não gostaria de saber do que é capaz?

COMECE DEVAGAR

No início, comece devagar. Vá se forçando pouco a pouco. Você não precisa correr uma maratona Ironman amanhã – ou em algum ponto – para estar com bom preparo físico. Talvez você nunca consiga fazer uma corrida de 5 quilômetros, mas pode estar em excelente forma física, então não deixe os corredores de maratonas fazerem com que sinta que não está fazendo o suficiente. Comece com uma caminhada ou uma volta de bicicleta. Suba e desça escadas por vinte minutos. Seja qual for sua rotina, comece devagar, e vá aumentando devagar. Em seis meses, você vai estar em muito melhor forma se começar devagar do que se tentar começar com tudo desde o início, o que frequentemente leva a esgotamento ou lesões.

ACOMPANHE SEU PROGRESSO

Pode ser difícil reconhecer até onde chegamos com nosso preparo físico. Isso é especialmente verdadeiro quando nos treinamos a constantemente ir além da marca dos 40%. Quando fazemos isso, cada treino parece desafiador. Então, embora estejamos correndo mais ou mais rápido, ou levantando mais peso, sempre nos sentimos cansados. Isso pode nos fazer sentir que não estamos melhorando.

Para não me sentir desestimulado, eu acompanho os meus treinos. Registro o número de dias que me exercito, o número de piscinas que nado, as séries que completo e os quilômetros que percorro. Avalio meu progresso observando a tendência geral em alguns períodos. Há uma gama de aparelhos eletrônicos que fazem isso para você se não gostar de fazê-lo à moda antiga, no papel. À medida que o tempo avançar, você poderá visualizar muitos meses ou até anos em retrospectiva. Você vai ver uma melhora espetacular. E seu próprio progresso será o impulso para continuar. Além disso, será menos provável que se sinta culpado se precisar pular um dia ou dois de exercícios.

ENCONTRE UMA REDE DE APOIO

Mesmo com ferramentas, acompanhamento e mudança de mentalidade, é preciso muita força de vontade para dar prosseguimento a um programa de exercícios físicos. Se você luta para encontrar força de vontade, crie uma rede de apoio. Você tem uma filha de 20 anos para treinar junto e lhe encorajar, como Missy? Isso pode funcionar. Mas, se não tem, encontre um professor, se exercite com um amigo ou colega ou faça amizade com outras pessoas em aulas em grupo ou na academia que frequenta para se manter comprometido. Sair para correr ou ir à academia é muito mais fácil quando você combinou com outra pessoa que vai estar lá. E lembre-se: essa pessoa também está contando com você!

COMER COMO UM GOURMET SAUDÁVEL

Até onde sei, Ernest Hemingway capturou com muita precisão a essência da cultura francesa ao dizer: "Se você tiver sorte o bastante de ter vivido em Paris quando era jovem, então para onde quer que for a cidade continua com você. Paris é uma festa".

Devo ser especialmente sortudo, porque morei em Paris ainda jovem por ocasião da inauguração da Disneyland Paris e me casei com um francesa maravilhosa que me converteu à cultura francesa e, em particular, ao modo francês de se alimentar.

Em casa, temos algumas poucas regras simples.

Primeiro, as refeições são momentos importantes do dia. Almoço e jantar (e café da manhã aos finais de semana) são ocasiões especiais em nossa casa, inspiradas na época em que vivemos na França. Reservamos tempo para nos reunir ao redor da mesa e aproveitar a companhia um do outro. Colocamos os assuntos em dia, conversamos, debatemos e algumas vezes discordamos – mas tomamos o cuidado de deixar todos os assuntos sérios e as conversas desagradáveis de fora da mesa, que consideramos uma área segura. Como resultado, aproveitamos o tempo das refeições para desfrutar nossa comida e ter conversas animadas.

Segundo, todos os tipos de eletrônicos ficam de fora durante as refeições. Se alguém for infeliz o bastante para sacar um celular, a pessoa é logo confrontada com um olhar de reprovação e um imediato "Guarde isso!". Nada de televisão, nada de telefone, nada que tenha uma aparência remota de tela. Isso tem a ver com ter tempo de qualidade.

Terceiro, fazemos desse momento uma experiência culinária verdadeiramente agradável. A beleza da culinária francesa reside em sua variedade (sim, pernas de rã estão no cardápio!). Comemos todo tipo de comida, em geral fresca, feita em casa e com um preparo simples. Incentivamos nossos filhos a serem aventureiros ao se alimentar, com a regra de que sempre se deve experimentar. Passar mais tempo à mesa, apreciando a comida que fizemos e socializando, também nos ajuda a perceber quando já estamos satisfeitos, e comer devagar ajuda a digerir melhor os alimentos. Como resultado, nos detemos antes de atacar outra costeleta de porco ou de nos servir uma segunda ou terceira vez.

Finalmente, podemos comer qualquer coisa, desde que seja com moderação. Sabe o que é melhor para sua silhueta do que um sanduíche? Meio sanduíche! Como aprendi durante o tempo que passei na Disneyland Paris, a maioria dos franceses serve porções muito menores do que os norte-americanos e, no entanto, passam mais tempo desfrutando suas refeições. As porções ficaram maiores nos Estados Unidos, refletindo nossa barriga expandida. Os restaurantes tendem a servir um monte de comida, já que os clientes norte-americanos costumam associar a quantidade ao valor. A verdade é que as dietas em geral são superestimadas. Não há necessidade de ser sovina com suas comidas favoritas. Apenas é preciso controlar a quantidade. Verifique o tamanho de suas porções e quem sabe considere usar um prato de sobremesa em todas as refeições; por que não? Tenho um colega que, ao fazer seus pedidos em restaurantes, pede para que metade da porção seja embalada para viagem antes mesmo de o almoço ser servido.

Comer como um gourmet é "a" receita para uma dieta efetiva e agradável. Não é extrema, mas funciona para os franceses e com certeza funciona para a minha família. Nós criamos três filhos saudáveis – hoje jovens adultos que não só reservam tempo para aproveitar suas refeições mas também se satisfazem com ostras ou pernas de rã... tudo com moderação, é claro!

DESCOBRIR SUA BELA ADORMECIDA INTERIOR

A peça final deste quebra-cabeça físico é possivelmente tanto a mais fácil quanto a mais difícil de encaixar: o sono. Em 2014, fui convidado a participar da conferência Sodexo Quality Life Worldwide como palestrante de destaque. A moderadora era Arianna Huffington, que tinha acabado de dar início ao que chamava de sua "revolução do sono". Ela mais tarde escreveria um livro perspicaz, *The sleep revolution: transforming your life, one night at a time* [A revolução do sono: transformando sua vida uma noite de cada vez] (Harmony, 2017), sobre a importância do sono e como ele influencia nossa capacidade de desempenho.

Dormir com muita frequência é considerado perda de tempo. Ouço pessoas se gabarem sobre sua capacidade de desempenho com apenas quatro ou cinco horas de sono, e tenho pena delas porque sei que não estão usando toda a sua capacidade. Praticamente todo dado confiável afirma que o sono é essencial para uma melhor performance. Podemos ficar muito mais satisfeitos e realizar mais em dezesseis horas bem descansados do que em vinte horas com privação de sono, especialmente no longo prazo.

Ao aprender sobre a importância do sono com Huffington e outras fontes, comecei a avaliar minhas emoções e meu desempenho depois de noites bem dormidas em comparação àquelas com privação de sono. Por anos comprei a mentira do "não preciso dormir". Eu trabalhava de sol a sol e me agarrava ao fato de que estava tendo um bom desempenho geral em casa e no trabalho.

Mas, enquanto reavaliava meus hábitos de sono, percebi que saía da cama me sentindo moído e ranzinza. Eu me sentia constantemente lento, com pouca energia. Começava relutante meu dia de trabalho regado a cafeína e me via mais de uma vez exaurido em algum ponto no começo da tarde. Meu único recurso era outra dose de *espresso*, que me ajudava a levar a tarde, mas em geral me deixava mais ou menos alerta até bem depois do horário razoável de ir para a cama. E o ciclo se repetia no dia seguinte. Claramente, eu não estava tendo horas suficientes de sono e estava viciado em cafeína.

Era hora de mudar. Mais uma vez, não há um número mágico que funcione para todo mundo, embora muitos estudos sugiram que o ideal seja entre sete e nove horas de sono de qualidade por noite. Quando estou fazendo mentoria de líderes, sugiro que experimentem o que funciona melhor para eles fazendo a relação entre o quanto dormem e como é o desempenho no dia seguinte. Algumas pessoas funcionam bem – e se sentem bem sem o auxílio constante da cafeína – com apenas sete horas de sono. Outras precisam de nove. Se você estiver dormindo menos de sete horas de sono de qualidade regularmente, no entanto, é provável que precise dormir mais.

Avalie seu nível de energia ao sair da cama. Você se sente bem descansado e pronto para enfrentar o dia? Ou se sente como uma criança pequena que não tirou seu cochilo? Se você se sentir como a criança resmungona mais do que como um adulto racional e bem descansado, regule sua agenda. Antes de ir para a cama, desligue a televisão e guarde os aparelhos eletrônicos. De modo similar às crianças, nós nos desligamos melhor quando adotamos uma rotina na hora dormir. Então, encontre uma que faça você desacelerar. Quando nossos filhos eram novos, minha esposa e eu costumávamos nos revezar lendo livros para eles. Isso se tornou tanto parte da minha rotina na hora de ir para a cama quanto da deles. Era nossa maneira de desacelerar e encontrar nossa Bela Adormecida interior!

ACELERE
SEUS RESULTADOS

Para um ótimo preparo físico, faça o seguinte:

- Crie um ponto de partida fazendo uma avaliação de seu nível de preparo físico atual. Faça um check-up e se comprometa a marcar um exame completo anualmente.
- Experimente os "exercícios do alfabeto"! Acesse: Dancockerell.com/alphabetworkout [em inglês].
- Determine a atividade que lhe proporciona mais diversão e satisfação e que se encaixa na sua agenda. Encontre uma rede de apoio se precisar de uma.
- Registre seu progresso e avalie sua evolução observando o panorama no longo prazo, não apenas dia a dia.
- Você não precisa seguir uma dieta restritiva se exercitar o controle do tamanho das porções.
- Não subestime o poder rejuvenescedor do sono. Se você se sente exausto ao acordar de manhã, precisa de uma nova rotina de sono.

Capítulo 2

Preparo mental

Quando eu estudava na Universidade de Boston, participei do Disney College Program em Orlando, onde trabalhei na recepção do Contemporary Hotel por três meses. Quando me graduei, decidi tentar a sorte na Disney mais uma vez. Fui contratado como funcionário do estacionamento do Epcot, o que, mais tarde, me deu a oportunidade de participar do Management Training Program. Esse, por sua vez, me levou a me juntar à equipe que trabalhou na inauguração da Disneyland Paris.

No Epcot, passei seis meses formativos alternando entre estacionar carros e dirigir o *tram* que leva os visitantes do estacionamento à entrada do parque. Era especialmente difícil durante os agitados, quentes e úmidos verões na Flórida, mas eu mantinha meus ouvidos e olhos atentos e tentava aprender e absorver tudo quanto podia. Não é preciso dizer que, quando a oportunidade de aprimorar minhas habilidades recém-adquiridas se apresentou, eu mergulhei de cabeça.

Foi assim que, em janeiro de 1992, eu me vi em um voo com destino a Paris. Embora tivesse me voluntariado com entusiasmo, não podia deixar de pensar que estava embarcando em uma tentativa desafiadora: me mudar para um país sobre o qual sabia pouco, começar um novo trabalho com uma gama de responsabilidades que nunca tinha tido antes e ter que fazer tudo isso em um idioma que eu mal entendia!

Além do mais, direcionar o tráfego e estacionar carros de maneira organizada era uma tarefa razoavelmente fácil nos Estados

Unidos, onde os motoristas eram bastante condescendentes, mas fazer com que motoristas franceses seguissem as instruções e esperassem com diligência sua vez era uma proposta totalmente diferente! Eu teria que lidar com muitas diferenças culturais. No entanto, esperavam que eu fosse o gerente iniciante responsável pelo estacionamento da Disneyland Paris. Minha cabeça estava a mil. *Em que eu estava pensando? Para que eu devia me preparar? Frustração? Tormento? Ridículo?*

Depois que passei pelos momentos iniciais de pânico, decidi me concentrar em um percurso diferente. O que eu sabia com certeza é que sempre aprendo as lições mais valiosas enfrentando desafios. Então, decidi encarar a situação como uma oportunidade incrível de aprendizado que me ofereceria insights valiosos, além de muitas histórias. Eu estava determinado a aproveitar os altos e baixos que estavam, sem dúvida, em meu caminho.

A Disneyland Paris com certeza me proporcionou algumas lições duras, mas também algumas descobertas agradáveis. Descobrir que a maioria dos franceses se vira bem com o inglês foi uma delas. Mas também me preocupava se eu alcançaria as expectativas e entenderia a abordagem francesa da vida profissional. Logo percebi que em geral os norte-americanos "vivem para trabalhar", enquanto os franceses "trabalham para viver". Nosso senso de prioridade se mostrou radicalmente diferente, e eu, como líder, tive que conciliar a abordagem deles com as expectativas norte-americanas.

Eu tinha dias difíceis em que me sentia impotente e desencorajado – até alguns dias em que eu simplesmente queria fazer as malas e voltar para casa. Sempre que achava que tinha as coisas mais ou menos sob controle, parecia que outro desafio se apresentava: burocracia francesa, funcionários insatisfeitos na iminência de entrar em greve, ameaçando nosso representante no sindicato, motoristas agressivos, líderes antiéticos... uma lista sem fim.

Durante os cinco anos em que trabalhei na Disneyland Paris, experimentei muitos pontos baixos devido ao que pareciam desafios insuperáveis. Mas, nesse processo, tive um melhor entendimento das minhas próprias forças e limitações. E também reconheci e lidei com minhas emoções e frustrações de modo mais efetivo e, como resultado, pude entender e influenciar as emoções dos outros. Em outras palavras, desenvolvi uma autoconsciência maior e uma inteligência emocional mais aguçada. Também aprimorei a noção de meus valores pessoais, o que me manteve com os pés no chão e guiou minhas tomadas de decisão durante os momentos de dúvida em relação a mim mesmo.

Enquanto me lembrava de quão inestimável essa oportunidade profissional e cultural na Disneyland Paris era, mantive um mindset positivo e no devido tempo me vi gostando de morar e de trabalhar na França. Por meio das coisas boas e ruins aprendi lições para a vida toda a partir de uma experiência incrível. No fim das contas, encontrei uma carreira, um modo de vida, uma porção de insights e, é claro, minha esposa, Valerie.

MINDSET

Todos encaramos nossas experiências de vida por meio do filtro de nosso mindset. Quando nos damos conta de que esse mesmo mindset altera nossa percepção, estamos mais bem equipados para exercer o controle sobre nossa vida. Afinal, como diz a famosa frase de Charles Swindoll: "A vida é 10% o que acontece conosco e 90% como reagimos a isso".

Imagine-se atrás do volante de seu carro, de manhã, na hora do rush. Não gostamos de ficar parados no trânsito porque estamos impotentes e incapazes de fazer qualquer coisa a respeito. No entanto, temos bastante controle sobre como deixamos isso afetar nosso estado de espírito. Podemos ponderar, choramingar ou protestar e discutir que se trata de um desperdício de nosso valioso tempo. Ou podemos optar por um curso de ação diferente e fazer bom uso desse tempo. Talvez estejamos ouvindo programas que nos ensinem algo, nos atualizando sobre as notícias, simplesmente relaxando ou, ainda melhor, aproveitando para pensar.

Aliás, quando foi a última vez que você se sentou sozinho e em silêncio? Posso apostar que isso não acontece com muita frequência.

Vivemos em um mundo veloz onde o simples ato de pensar profundamente se tornou um luxo. Mais do que nunca, somos bombardeados por informações o tempo todo, mas raramente reservamos um tempo para digeri-las. Então por que não criar valor nesses raros momentos de solidão e exercitar esse nosso grande cérebro? Nós não podemos fazer nada quanto ao trânsito, contudo podemos decidir por nós mesmos se essa experiência em particular terá um impacto negativo ou positivo em nossa rotina diária. Isso está sob nosso controle.

Minha esposa e eu fomos uma vez a um jantar e cerimônia de entrega de um prêmio na Disney durante o qual alguns membros da linha de frente do *cast* foram reconhecidos por sua performance extraordinária. Esse é um reconhecimento altamente cobiçado, e vários premiados que trabalhavam comigo no Magic Kingdom estavam presentes. Três deles estavam em nossa mesa com suas respectivas esposas. O evento aconteceu apenas quatro semanas depois de um furacão devastador. Minha esposa estava perguntando como todos tinham passado por aquele evento difícil. Um casal foi rápido em responder "Nunca tivemos tanta sorte!", e Valerie e eu presumimos que a casa deles havia sido poupada de danos. Quando nos informamos um pouco mais, eles relataram como escaparam e conseguiram refúgio com um vizinho pouco antes de o telhado da casa deles sair voando e o imóvel despencar. Como ficamos sabendo, essa família em particular tinha perdido sua casa e a maioria de seus bens. No entanto, eles estavam se concentrando em como poderia ter sido pior e em como eles tiveram sorte de escapar sem ferimentos e até da morte... o proverbial copo meio cheio ou meio vazio. Que amostra de resiliência, fortaleza e otimismo!

"A vida é 10% o que acontece conosco e 90% como reagimos a isso."
CHARLES SWINDOLL

TOME O CONTROLE DE SUA VIDA

Graças às mídias sociais, nos acostumamos a desfilar nossa vida e nossas realizações sempre-tão-perfeitas para o mundo todo ver. Não são necessários mais do que quinze minutos no Instagram ou no Facebook para sentir pontadas de inveja ao testemunharmos as maravilhosas experiências de vida e viagens exóticas de nossos conhecidos. Nós nos sentimos pressionados a fazer parecido e a pintar com frequência um retrato glorificado de nossa própria vida "perfeita".

Isso me leva a meu próximo argumento: a vida não é perfeita. Na verdade, às vezes ela pode ser uma bela porcaria. Mas continuamos tentando viver à altura de padrões irreais de felicidade e realização das mídias sociais. Essa janela no mundo exagera a ideia de "nos equiparar aos nossos vizinhos": *Se a vida de todo mundo é tão perfeita, a minha também deveria ser. Por que minha vida não pode ser perfeita?* E assim vamos ladeira abaixo. Ao não conseguirmos nos equiparar, temos que encarar nossas próprias deficiências, inseguranças, amarguras, ansiedades e até desespero. Um estudo de 2017 da *Harvard Business Review* mostrou que, quanto mais usamos o Facebook, pior nos sentimos.

Vamos admitir de uma vez por todas que estabelecemos padrões irreais para nós mesmos. A vida às vezes é injusta e dura. Negar isso apenas torna muito mais difícil superar os desafios. Então vamos abraçar essa porcaria! Vamos admitir que nossa vida não é o cenário perfeito, que somos falhos e nem sempre acertamos, que o tempo pode estar bastante horrível e que ficamos do lado de fora, sentindo frio. Isso é metade da batalha. Se você puder reconhecer a vulnerabilidade e adotar um mindset positivo, vai chegar à solução óbvia: aprender e crescer. Isso pode ser bastante libertador. Nada mais de falsas aparências, nada mais de farsas. Apenas admita que há sempre espaço para melhorar e parta para a ação. O esforço vai valer a pena e gerar resultados positivos ainda mais agradáveis. Lembre-se: a jornada rumo à perfeição nunca tem fim.

A dra. Carol Dweck, em seu excelente livro *Mindset: a nova psicologia do sucesso* (Objetiva, 2017), define um "mindset de crescimento" em oposição a um "mindset fixo". O primeiro vai permitir que você encontre o lado positivo em cada tempestade, a lição em cada falha, e vai acolher novas provas e oportunidades de aprendizado. O segundo vai fazer com que você fique longe de desafios por medo de falhar. Como resultado, um líder com mindset fixo vai evitar se arriscar e confiar exclusivamente em talentos inatos.

Imagine o que acontece em uma organização administrada por um indivíduo com um mindset fixo. Tentativas de admitir e corrigir falhas são logo dispensadas; egos inflados dependem de percepções de talentos infladas; uma hierarquia limitadora e o medo de errar inibem a tomada de riscos – é tudo uma receita para o desastre. Por outro lado, uma organização administrada por um indivíduo com mindset de crescimento irá se beneficiar de um líder que se compromete a melhorar a si mesmo e também a desenvolver seu pessoal. Ele ou ela irá investir em treinamento e promoverá novas ideias e inovações. Esse líder de visão irá constantemente desafiar o *status quo* e fazer perguntas. Ele ou ela acolherá feedback, críticas construtivas e sugestões sejam de quem for. Isso, por fim, se torna contagioso. Não apenas a organização irá prosperar como a equipe inteira, graças a um desejo de melhora contínua consolidada por seu líder.

Essa ideia de mindset de crescimento apenas fortalece a necessidade de se tornar um aprendiz por toda a vida. Você não pode ter uma carreira bem-sucedida confiando exclusivamente no que já obteve na faculdade ou por meio de sua experiência de trabalho. O ritmo de mudança aumentou drasticamente por causa da tecnologia e da globalização, e, para acompanhar tudo isso, precisamos nos educar. Como líderes, devemos constantemente procurar adquirir novas habilidades, ideias, metodologias ou novos modos de pensar. Seja um aprendiz ávido, seja curioso, desafie-se a desenvolver novas habilidades, abra-se para novas perspectivas, leia, leia, leia...

Essa sede de conhecimento se alojava no cerne da minha motivação para escrever este livro: eu não só esperava compartilhar alguns insights como estava ansioso para dar início a um novo desafio e aprender uma nova habilidade. Confesso, eu não tinha ideia de como escrever um livro (estou bastante certo de que nunca escrevi mais do que uma dissertação com mais de dez páginas em minha época de faculdade), e embora a tarefa parecesse assustadora, eu estava comprometido a seguir até o fim. Seis meses depois, meu livro estava materializado e eu havia aprendido muito com o processo.

Alguém disse: "Siga pela vida como se tivesse algo novo para aprender... e você aprenderá". Estou comprometido a nunca perder o senso de curiosidade e a incentivar outras pessoas ao longo do caminho. Na minha opinião, nunca é tarde demais para mudar, nunca é tarde demais para aprender, nunca é tarde demais para melhorar.

Uma queda não faz de você um fracasso.

CRIE SUA PRÓPRIA SORTE

Acredito fielmente em uma correlação direta entre nosso estado de espírito e nossa habilidade de criar sorte para nós mesmos. Por ser naturalmente curioso, procuro com frequência interagir com pessoas e começar conversas casuais com facilidade. Eu também tenho o ponto de vista otimista de que, se formos atrás e estivermos dispostos a sair de nossa zona de conforto, alguma coisa boa irá acontecer. Essas duas disposições muitas vezes resultaram em encontros casuais e oportunidades. Tento não ter ideias preconcebidas e em vez disso dar a todos e a todo mundo uma chance. Coisas ótimas costumam brotar de novos encontros e iniciativas. Até quando as perspectivas não são boas, estou disposto a virar a mesa por causa do lado positivo. Mesmo quando as coisas não saem como você esperava, os fracassos são oportunidades de aprendizado. Pense positivo e arrisque: inevitavelmente você vai criar um ambiente auspicioso para a sorte.

Uma ótima cena do filme *Apollo 13* ilustra essa ideia. Enquanto uma equipe de engenheiros da NASA descobre o infortúnio da missão e as chances escassas de trazer os astronautas em segurança para a Terra, um dos membros lamenta: "Este vai ser o pior desastre da história da NASA". Ao que o diretor do programa responde, incisivo: "Preciso discordar. Acredito que este será nosso melhor momento". E, de fato, foi. Por meio do pensamento criativo e colaborativo, a equipe trouxe os astronautas em segurança de volta para a Terra.

Quando você se mantém positivo diante da adversidade, coisas boas tendem a acontecer. Como líder, você precisa se manter aberto a todas as possibilidades. Seja curioso, procure as pessoas, faça perguntas, busque as opiniões delas, enxergue valor nas contribuições e perspectivas que elas trazem, e pense fora da caixa. Quem sabe o que encontraremos na próxima esquina?

Há dois anos, os primos da minha esposa estavam considerando mudar-se temporariamente para os Estados Unidos para aprender inglês. Imediatamente nos oferecemos para recebê-los em casa e passamos a viver juntos. Eles ficaram conosco por quase um ano e essa experiência foi animada e divertida. Os dois frequentavam as aulas de inglês, onde fizeram muitos amigos. Por conta disso, concordamos em oferecer um jantar para alguns de seus colegas da América Latina, que também estavam nos Estados Unidos para um curso intensivo de inglês como língua estrangeira por seis meses. Valerie e eu adoramos conhecer pessoas de culturas diferentes, e, por meio de um inglês torto e um espanhol sofrível da minha parte, conseguimos socializar com o grupo e passar um momento maravilhoso em casa. Por acaso entrei em uma conversa animada com um de nossos convidados, Luis.

Luis é um empreendedor brasileiro. Sua história de vida, sua personalidade enérgica e seu entusiasmo aguçaram minha curiosidade naquela noite, e conseguimos emplacar uma ótima conversa, mesmo que por meio de vários mal-entendidos engraçados. Naquela ocasião não tinha como eu imaginar que, dois anos mais tarde, depois de ter deixado a Disney e de ter dado início à minha empreitada como consultor, Luis me procuraria e organizaria alguns de meus primeiros trabalhos de consultoria no Brasil com dois colegas dele, Felipe e Guto. Em troca, essas conexões me levaram a muitos compromissos na América do Sul.

Se eu não tivesse me voluntariado a receber os primos de Valerie e seu grupo de colegas de classe, conversado com Luis e mostrado interesse por sua personalidade e carreira, e concordado em conversar com Felipe e Guto, nada disso teria acontecido. Às vezes você simplesmente não sabe de onde virá o golpe de sorte e quem irá ajudá-lo no próximo passo. Desafios, situações corriqueiras e encontros casuais podem mais tarde se provar uma centelha muito desejada para seus esforços.

INTELIGÊNCIA EMOCIONAL

Quando a inteligência emocional (IE), ou quociente emocional (QE), aterrissou na tela de nossos radares, eu estava ocupado com a inauguração da Disneyland Paris como gerente do estacionamento. Eu estava bastante ocupado com detalhes de demandas operacionais para me perguntar sobre QE ou a falta dele. Em uma manhã de inverno, todas as minhas dificuldades me acertaram de frente. Os cadeados da principal estação de pedágio congelaram e não conseguíamos abri-los. Logo os visitantes começariam a chegar e nós não conseguiríamos deixá-los entrar. Liguei para a manutenção freneticamente, e consegui uma resposta bastante letárgica.

Como já havia acontecido com minhas ordens de serviço anteriores, ouvi um desfavorável "Temos muitos pedidos acumulados, mas logo chegaremos ao seu". Era impossível saber quando eles lidariam com a questão. Claramente, o departamento de manutenção não parecia considerar meu pedido uma prioridade, sem se importar com o impacto em nossa operação. De repente senti que estava perdendo o controle. Por causa da frustração, usei uma linguagem bastante vivaz para mostrar o tipo de urgência que a questão suscitava. Antes que pudesse perceber, me peguei dizendo: "Você não está entendendo!". Então ouvi uma resposta sarcástica e cortante:

"Bom, *você que* é o especialista norte-americano! Nunca lidou com gelo antes?". O que eu realmente queria responder era "Não, gênio! Eu venho do Walt Disney World Fló-ri-da!". No entanto, eu era esperto o suficiente para não seguir por esse caminho e logo percebi o que eu vinha fazendo de errado desde o início.

Lá estava eu, em toda a minha "glória norte-americana", dando ordens àqueles funcionários experientes da manutenção. Eu estava presumindo que minha experiência anterior de seis meses no Walt Disney World tinha me preparado o suficiente para liderar uma equipe com formações, habilidades e nacionalidades diferentes pelas armadilhas de uma operação enorme de inauguração. Além disso, ainda havia o fato de que os franceses em geral desprezavam todo esse projeto tão norte-americano como se ele fosse uma Tchernóbil cultural! Em nenhum momento eu tinha olhado para o "panorama geral". Não havia pensado em me colocar no lugar deles e considerar sua perspectiva: um norte-americano de 24 anos que mal consegue juntar cinco palavras em francês chega para liderá-los, lhes dá ordens a torto e a direito, faz solicitações e exige atenção imediata e ao mesmo tempo se mantém alheio à carga de trabalho e aos desafios dos liderados. A eles não parecia que eu tinha "ralado o bastante para estar onde estava".

Minha falta de experiência me levou a contar com um estilo de liderança transacional ultrapassado e de certo modo autocrático. Eu tinha pouca consciência de mim mesmo e pouco controle sobre minhas emoções. Vinha sendo indiferente em relação ao bem-estar emocional dos outros, incluindo pares, colaboradores e subordinados diretos. Eu não tinha conseguido estabelecer um relacionamento com aqueles que eram essenciais para o meu desempenho e havia acabado de descobrir que isso tinha um preço.

UMA ABORDAGEM DIFERENTE

Conhecer suas forças Costumam dizer que jovens profissionais levam inteligência digital ou quociente digital (QD) para o local de trabalho. Por outro lado, funcionários mais antigos e experientes levam IE porque conseguem identificar padrões de comportamento e lições de potencialização aprendidas em situações passadas. Eles também têm um melhor entendimento de sua força e fraqueza. É por aí que devíamos começar. Todos os tipos de avaliação estão disponíveis para nos ajudar a desenvolver uma melhor autoconsciência e determinar que tipo de ferramentas pessoais temos à disposição. Já usei as avaliações StrengthsFinder 2.0 e Myers-Briggs para me ajudar a me tornar mais autoconsciente. Os resultados não necessariamente me surpreenderam, mas me ajudaram a direcionar de modo consciente mais energia para meus pontos fortes e minhas paixões.

A avaliação StrengthFinders[1] (teoria dos pontos fortes) observa 34 áreas diferentes e fornece relatórios de avaliação nos pontos mais fortes e nas melhores oportunidades. Esses 34 pontos fortes se encaixam em quatro categorias principais: pontos fortes de execução, pontos fortes de influência, pontos fortes de construção de relacionamentos e pontos fortes de pensamento estratégico. Eu descobri que meus cinco principais pontos fortes são: organizador, responsabilidade (pontos fortes de execução) e desenvolvedor, gregário (pontos fortes de construção de relacionamentos). Minha avaliação Myers-Briggs me categoriza como ENFP, um perfil bastante baseado em relacionamentos.

Todas essas informações me ajudaram a reduzir minhas prioridades a uma percepção principal: *quanto mais tempo eu passava com as pessoas, mais bem-sucedido eu era.* Com esse conhecimento, adotei uma abordagem diferente durante o restante da minha carreira. Todo dia, meu objetivo era estar com as pessoas e construir relacionamentos, o que permitia que eu me inspirasse, aprendesse, me engajasse, fosse criativo, reunisse energia, criasse empolgação e oferecesse empatia, entre muitos outros benefícios.

E então, quais são as suas forças? Você está se colocando em situações em que consegue expô-las e usá-las? Patos nadam e esquilos escalam. Se você for um pato, passe tempo nas lagoas; se for

---

1 No Brasil, o livro escrito por Tom Rath em parceria com o Instituto Gallup, *Descubra seus pontos fortes*, foi lançado pela editora Sextante. [N. E.]

um esquilo, vá em busca das árvores. Esteja em ambientes onde pode ser o seu melhor e usar seus talentos inatos para ser bem-sucedido.

Para melhorar a autoconsciência, nada é mais efetivo do que ter conversas francas com pessoas em que confia e que lhe darão um feedback honesto. É bem provável que você saiba intuitivamente quem será mais franco: um amigo, um colega, um mentor, um parente ou o cônjuge. Consulte essa pessoa periodicamente. Faça com que o cenário seja casual e descontraído, vá com paciência e mente aberta. Como regra, minha esposa sempre menciona sua própria resolução de Ano-Novo, e só depois disso ela dá algumas "sugestões" para meu aprimoramento. É tudo de brincadeira, mas sempre presumo que há uma razão oculta para suas sugestões! De modo geral, escute atentamente quando receber feedbacks ou "sugestões", solicitados ou não. E, antes de tirar conclusões e formular uma resposta ou plano de ação, deixe o que você recebeu um pouco de "molho". E sempre agradeça a seu "porto seguro" pela contribuição.

Ao pedir feedback, nós muitas vezes costumamos procurar um cúmplice.

Se você gosta de escrever, comece um diário. (Eu, pessoalmente, sou um grande fã de *bullet journals*.) Quando estiver enfrentando um momento que exige uma tomada de decisão, escreva os prós e os contras, como você no devido tempo pode chegar a uma decisão e escreva como está se sentindo ao longo do processo. Sempre que possível, revise os comentários mais antigos que registrou. Você pode ver como as emoções fluem. Padrões irão emergir, e você vai ter uma compreensão mais precisa de como reage aos eventos e será capaz de tomar decisões melhores. Muitos grupos de autoajuda acreditam nessa prática terapêutica. Eu também li que Warren Buffett tem por hábito registrar suas hipóteses e "pressentimentos" quando compra uma empresa ou investe nela. Mais tarde, ele revisa suas anotações para avaliar se seus apontamentos e instintos estavam corretos. Sendo assim, vale a pena prestar atenção a eventos passados, identificar tendências e analisar nossas ações. Quem sou eu para discutir com o Sábio de Omaha, de qualquer maneira?

Autocontrole O autocontrole é essencial para demonstrar uma disposição estável e manter os pés no chão. Se seu objetivo é criar um ótimo ambiente para sua organização, sua equipe não vai querer lidar com um líder temperamental e imprevisível. Mais cedo ou mais tarde, a maioria de nós já passou pela experiência de se reportar a um líder de personalidade volátil – o tipo de pessoa que o faz se perguntar: "Como está o humor dele/dela hoje?". Você não quer ser *esse* líder. Eu já tive meus momentos "Detona Ralph", deixando meus sentimentos nublarem meus pensamentos e tomando decisões ruins no calor do momento. Então, eu aprendi, do jeito difícil, a moderar minhas reações. Um dos meus subordinados diretos – vamos chamá-lo de Jeff – era uma pessoa bastante sarcástica e fazia comentários cáusticos em reuniões. Eu deixava os comentários cínicos de lado para me dirigir a assuntos mais urgentes. Acabei me convencendo de que o sarcasmo de Jeff não era grande coisa e que a maioria das pessoas o consideraria engraçado.

Só alguns meses depois outro líder me chamou atenção a respeito disso: "Dan, você não percebe as coisas que Jeff diz? Você acha que está tudo bem?". De repente me senti frustrado comigo mesmo por não ter lidado com a questão antes e ter deixado o sarcasmo de Jeff se tornar um comportamento aceitável. Eu o chamei em minha sala e comecei com uma bronca muito agressiva e emocional a respeito de seu comportamento. Jeff me olhou, perplexo, como se eu fosse louco. Para ele, meu discurso inflamado provavelmente tinha saído do nada. Um dia, ele estava caminhando na boca de um vulcão coberto por grama, aproveitando a vista, e, no dia seguinte, o vulcão entra em erupção. Se tivesse havido o menor ruído, ele provavelmente teria escolhido uma rota diferente. No entanto, sem advertência, ele não tivera razão para mudar a rota.

Para levar essa analogia adiante, imagine como se *você mesmo* fosse um vulcão, as emoções rolando sob a superfície. Em vez de ir para o "modo silencioso" ou o "modo erupção", podemos aprender a ter mais de dois cenários: que tal um pouco do "modo estrondo"? É uma maneira justa de oferecer aos membros da equipe uma chance de lutar para mudar seus comportamentos. É verdade que é mais fácil falar do que fazer isso. Quando você sentir que está prestes a explodir, vá dar uma volta, respire fundo algumas vezes, planeje sua abordagem e a coloque em ação no dia seguinte. A noite é uma boa conselheira, e vai ser bom para você reservar um tempo para pensar sobre o assunto calma e racionalmente. Se acontecer de você explodir espontaneamente, aprenda a se recuperar e minimizar os danos. Tudo bem pedir desculpas.

Enquanto aprendi a moderar minhas reações, também descobri que adiar uma reação pode causar mal-entendidos e confusão. Por exemplo, eu, pessoalmente, tendo a me isolar em silêncio para ponderar a resposta apropriada. Mas outras pessoas podem interpretar isso como uma forma de "gelo" passivo-agressivo. Embora não deliberado, meu atraso em responder ou oferecer um comentário sobre uma questão pode ser percebida como falta de interesse ou, ainda pior, como maneira de evitar tomar uma decisão. (Em diversas ocasiões, minha esposa ou membros da minha equipe foram diretos em seus feedbacks.) O silêncio, com frequência, deixa a porta aberta para interpretações. Então, se você guarda comentários, deixe isso explícito pelo bem da clareza. Você vai se poupar de muitos mal-entendidos. Um simples "deixe-me pensar a respeito" ou "retornarei a esse respeito" basta.

Podemos melhorar nosso autocontrole praticando mindfulness – a habilidade de nos concentrar no presente e reconhecer uma variedade de sentimentos, sensações e pensamentos. É um exercício desafiador e tanto para a mente. Mas, assim como nos exercitamos para ficar em forma, também devemos exercitar nosso cérebro. A meditação regular nos ensina a reconhecer nossos pensamentos sem sermos sobrepujados por eles. Assim como tiramos o entulho antes de mostrar uma casa para compradores em potencial, devemos limpar o entulho em nosso cérebro para que possamos nos concentrar em nossos sentimentos e entender melhor a maneira como reagimos. A prática é exigente, e eu com frequência me vejo sem disciplina para permanecer comprometido e não deixar minha mente vagar. Isso também requer treino. Aplicativos como o Calm e o Headspace estão disponíveis para tornar a prática mais fácil e mais imediatamente acessível.

Empatia Após meu fiasco francês inicial em lidar com os membros da equipe de manutenção da Disneyland Paris, reservei um tempo para conhecê-los melhor. Perguntei sobre o trabalho e suas frustrações. Fiz perguntas e ouvi atentamente. Ao interagir, ofereci minha atenção completa: nada de telefone, de desviar o olhar. Quando me distraía, eu imediatamente redirecionava minha atenção para a conversa. E, quando me deparava com situações desafiadoras, eu evitava fazer julgamentos e me certificava de que entendia todos os fatos e perspectivas antes de articular uma opinião.

Como resultado, consegui estabelecer um relacionamento baseado em respeito mútuo para as contribuições de todos. Também fiquei a par das diferenças culturais no trabalho. Passei a anteceder minhas solicitações com as perguntas necessárias sobre eles mesmos, suas famílias, ou hobbies, como ditava a cultura local. Perguntei do que gostavam e o que os desagradava, suas paixões e interesses; e compartilhei os meus próprios. Até consegui alguns pontos extras alavancando minha paixão por rúgbi, que é enorme em território francês! Ser mais aberto a meu respeito, a meus temores e a minhas preocupações indicava que eu estava disposto a demonstrar vulnerabilidade e me tornava mais abordável. Logo, as solicitações de serviços eram executadas imediatamente, e o trabalho era feito. A vida de repente ficou muito mais fácil.

Preciso indicar um último apontamento sobre inteligência emocional e uma palavra de advertência: demonstrar empatia não quer dizer que você deve ser legal o tempo todo com qualquer um ou qualquer coisa. Significa apenas que você tem a habilidade de ver o ponto de vista dos outros e levar em consideração seus sentimentos e perspectivas. Deixe que saibam que foram ouvidos e que a opinião deles importa para você. Depois você pode escolher discordar, e tudo ficará bem também.

"Inteligência emocional não é o triunfo da emoção sobre a razão, é a interseção de ambos."
DAVID CARUSO

Comunicação Com mais frequência do que imaginamos, nossa falta de autocontrole pode se materializar na forma de uma resposta rude, uma observação exasperada, um suspiro, um desvio de olhar ou um trejeito impaciente. Portanto, esteja alerta para os sinais. Na dúvida, costumo lembrar de seguir os passos a seguir antes de uma conversa:

- Perguntar a mim mesmo se a hora e o lugar são os certos.
- Prestar atenção à minha escolha de palavras e linguagem corporal.
- Ouvir ávida e atentamente.
- Procurar sinais de comunicação, especialmente não verbais.
- Segurar a onda e evitar saltar para conclusões precipitadas.
- Não ouvir com a intenção de responder, mas, sobretudo, de entender.
- Dar a mim mesmo tempo para responder a afirmações emocionais.

- Não deixar minha percepção ser distorcida por meus sentimentos. Suposições podem facilmente entrar no caminho.
- Finalmente, se a conversa esquentar, eu me pergunto antes de responder: "Isso realmente precisa ser dito?".

Todos esses passos são essenciais durante conversas desafiadoras, mas são muito mais fáceis de praticar em situações mais casuais. Eles são habilidades importantes de desenvolver para qualquer circunstância.

O mindfulness e a inteligência emocional permitirão que você entenda melhor como reage a situações diferentes e identificar seus pontos cegos. Seus pontos fracos e seus gatilhos vão se tornar mais aparentes. Como resultado, você pode lutar contra seus impulsos de reagir emocionalmente a desafios, conflitos, feedbacks ou críticas.

Os efeitos cumulativos desses simples atos de disciplina e autocontrole acentuarão bastante sua habilidade de estabelecer melhores relacionamentos, compreensão e confiança. O Dalai Lama define isso apropriadamente como a capacidade de demonstrar "higiene emocional".

Líderes que dominam a arte de aproveitar o poder das emoções – sejam deles mesmos ou de outros – são mais bem-sucedidos em se comunicar e inspirar pessoas. Eles podem engajar suas equipes no nível emocional e sentir-se mais confiantes quanto a empoderá-los. Como resultado, serão capazes de motivar a mudança de maneira mais efetiva. Por causa do senso aguçado de si mesmos e dos outros, eles identificam a necessidade de orientação, reconhecimento e feedback dos membros de sua equipe – ou simplesmente quando é hora de sair da frente.

ACELERE
SEUS RESULTADOS

Para conquistar preparo mental:

- Adote um mindset de crescimento e abrace oportunidades para aprender. Você vai criar sua própria sorte durante esse processo.
- Não se deslumbre com padrões não realistas. Abrace a imperfeição. Conte consigo mesmo – todas as outras pessoas já estão ocupadas.
- Use o StrengthsFinder, o Myers-Briggs ou outras ferramentas para identificar seus pontos fortes.
- Crie um porto seguro de pessoas que lhe darão um feedback honesto e aberto.
- Pratique o autocontrole. Se estiver frustrado, deixe o vulcão estrondar um pouco antes de entrar em erupção.
- Tome cuidado com o que pode ser percebido como comportamento passivo-agressivo. Deixe sua equipe ou parceiros saberem quando você precisar "dar uma pensada".
- Medite – por meio dos apps Calm ou Headspace, por exemplo – para melhorar seu mindfulness.
- Seja empático: faça perguntas além do assunto em questão, avalie o ponto de vista do outro e leve em consideração seus sentimentos e suas perspectivas.
- A boa comunicação começa com a consciência de sinais verbais e não verbais.

Capítulo 3

Preparo moral

Um dos indivíduos mais influentes na minha vida foi sem dúvida meu avô, o contra-almirante Charles Norville Payne. Ele me ensinou os valores de integridade, trabalho duro e humildade. Como mencionei antes, seu mantra era: "Faça o melhor que puder e depois se perdoe". Em outras palavras, faça o que diz que vai fazer, coloque todo o esforço que puder no trabalho, sempre presuma que ele pode ser melhorado e esteja pronto para tentar novamente no dia seguinte. Meu avô vivia de acordo com suas palavras e levou uma vida singular. Quando era jovem, eu só podia esperar me igualar a ele. Logo percebi que isso não era tão simples.

ENCONTRE SUA BÚSSOLA MORAL

Ao longo de nossa vida, obtemos um conjunto pessoal de valores morais. Eles nos oferecem uma bússola para nos ajudar a tomar decisões, boas ou más, e ditar o caminho de nossos comportamentos. Os valores não se formam organicamente; eles são modelados e influenciados pelas pessoas que nos cercam, sejam nossos pais, outros parentes, amigos, educadores, coaches ou líderes espirituais. Ao observarmos esses modelos de comportamento, começamos a desenvolver um entendimento do que é certo e do que é errado, de quem desejamos ser e como queremos levar nossa vida. Nossa bússola moral determina o que vamos priorizar e, mais tarde, com quem queremos nos associar pessoal, profissional e romanticamente.

Quando jovem, eu pensava em meus avós, meus pais, os treinadores esportivos e outras pessoas que eu admirava. Eu sabia intrinsecamente que eles tinham as qualidades que eu queria emular para me tornar um indivíduo feliz. Descobri como eu queria ser conhecido ao vê-los em ação. Todos eles demonstravam respeito, humildade, trabalho duro e integridade. Foram aprendizes a vida toda e grandes mentores. Eu nunca pensei que desejar ser como eles seria o mesmo que adquirir uma bússola moral propriamente dita, mas é o que de fato estava acontecendo. Foi preciso uma boa medida de introspecção da minha parte até que eu me desse conta de que essas qualidades eram alguns dos valores que eu deveria adotar se quisesse viver uma vida de realizações.

Então, sem que eu me desse conta, tinha me lançado em uma jornada pessoal para alcançar meu eu ideal – uma jornada em que ainda estou hoje. Ela começa com ser saudável, organizado e confiável. Em seguida, sempre ser respeitável, independentemente das pessoas com quem eu interaja, e demonstrar humildade e integridade. Por último, mas não menos importante, é ser um mentor e um líder que ajuda os outros a alcançar seu potencial. Nunca senti necessidade de pensar propositadamente sobre meus valores porque tive a sorte de ter grandes modelos de comportamento que me levaram à direção correta. Grande parte disso aconteceu sutilmente.

Algumas pessoas nunca consideram e pensam a respeito de seu sistema de valores. Então, vamos fazer uma tentativa. Imagine por um segundo que você deve ler atentamente uma longa e exaustiva lista de valores e selecionar quais deles você *acredita* que o representam. Você pode acabar com uma longa lista (costumamos ter opiniões infladas de nós mesmos). Mas como saber se ela é precisa? Bom, só há uma maneira de descobrir o que você realmente defende.

ALINHAR COMPORTAMENTOS A VALORES

Ter uma lista de valores é uma coisa; o verdadeiro teste é levar os valores pessoais para a vida por meio de comportamentos cotidianos. Ter um plano ou uma lista de desejos é apenas metade do trabalho e, claramente, a parte mais fácil da tarefa.

Eu moro em Orlando, onde 75 mil pessoas trabalham para o Walt Disney World, e aprendi que um bom número delas sabe quem eu sou.

Certa vez fui buscar um pedido para viagem em uma lanchonete local e descobri que ele estava incompleto, uma questão recorrente. Estava bastante irritado e com um pouco de pressa. A equipe parecia totalmente sobrecarregada e mal treinada, na melhor das hipóteses. No entanto, por trabalhar no ramo de serviços, eu sabia muito bem que ninguém estava imune a cometer erros, e que a maior parte do que eu tivera que tolerar era provavelmente resultado de má liderança ou pouco pessoal. Então, eu graciosa e respeitavelmente pedi os itens que faltavam. Uma funcionária mais antiga me ajudou, desculpando-se profusamente. Quando ela me reconheceu, me disse como ela estava feliz de ver que os executivos da Disney também viviam de acordo com os valores de Respeito e Cortesia da Disney do lado de fora do Lugar Mais Feliz da Terra.

Como fiquei sabendo, o filho dela trabalhou como líder iniciante na minha equipe do Magic Kingdom. Imagine o que teria acontecido se eu tivesse sido um completo babaca por causa de meu pedido incompleto. A família certamente teria conversado sobre a hipocrisia dos líderes da Disney, que exigiam certos padrões de sua equipe, mas não de si mesmos. Naquele dia, demonstrei que eu também fazia o que era exigido. Permaneci fiel ao compromisso que tinha estabelecido de ser respeitoso com as pessoas independentemente de seus cargos e das circunstâncias de nosso encontro.

~~~~~~~~~~~~~~~~~~~~~~~~~~~~~~~~~~~~

Ter uma lista de valores é uma coisa; o verdadeiro desafio é levar os valores pessoais para a vida por meio de comportamentos cotidianos.

~~~~~~~~~~~~~~~~~~~~~~~~~~~~~~~~~~~~

Porém, em algumas outras ocasiões não consegui cumprir esse compromisso. Um exemplo em particular aconteceu quando eu estava liderando a equipe da Test Track no Epcot, onde costumava defender trabalho em equipe, iniciativa e delegação de poder. Por diversos meses, os membros do *cast* estavam lidando com o fato de que os cintos de segurança estavam causando confusão e atraso durante o processo de embarque dos visitantes. Eles tinham tentado sem sucesso corrigir a questão e estavam ficando cada vez mais frustrados. Então, o que eu fiz? Prestei atenção ao feedback e às sugestões deles; intermediei suas tentativas de corrigir a questão; ofereci os recursos necessários; e os agradeci por serem provocativos? É claro que não. Depois de ter ignorado o apelo deles por tempo o bastante, coloquei minha capa de super-herói, fiz uma entrada triunfal e corrigi sozinho o problema alavancando meu superpoder supremo de gestor – que era, olhando para trás, bastante simples e reconhecidamente gratificante. Eu apenas tinha que ser o herói! Não era isso que os líderes deveriam fazer? Onde estava minha promessa de empoderar e recompensar iniciativas? Como fiquei sabendo, a equipe ficou decepcionada e frustrada e deixou isso bem claro.

Liderar uma equipe não significa que você deva fazer tudo. Assim como um técnico, grandes líderes devem selecionar os vários talentos para cada posição; treinar os indivíduos e estabelecer uma estratégia, expectativas e objetivos. Em seguida, eles saem do caminho e deixam a equipe executar o plano. Mas, com muita frequência, nós, enquanto líderes, sucumbimos à vaidade (como eu certamente fiz naquele dia) e apenas queremos mostrar do que somos capazes para justificar por que estamos na posição de liderança. Olhando para trás, essa seria, e deveria ser, uma oportunidade perfeita para mostrar à equipe que eu confiava nela para lidar com os problemas. Eu deveria tê-los apoiado em seus esforços e deixá-los colher as merecidas recompensas. Mas falhei em demonstrar humildade e negligenciei minha promessa de empoderar e apoiar os membros da equipe.

Então, pense objetivamente em suas ações. Você é um desses líderes que vão apoiar falsamente a equipe em seu equilíbrio – e prontamente negar pedidos de férias e atribuir prazos irrealistas?

E quanto a líderes que se vangloriam de sua disposição, mas que são raramente vistos na operação? Você faz o que diz que faz? Você demonstra os comportamentos que se alinham com seus valores? Você está fazendo o que exige? Se falhar em fazer isso, você perde credibilidade. A maioria dos gestores hoje ilustra claramente este ponto: eles são políticos impopulares porque suas ações não se parecem em nada com a promessa que fizeram durante a campanha eleitoral.

CUIDADO COM O VÃO

Sinais sociais e culturais têm uma influência enorme em nossos comportamentos. Por exemplo, muitos meios de comunicação tendem a glorificar certos princípios materialistas que podem afetar nossa habilidade de viver à altura de nossos valores: autogratificação, prosperidade e poder, para citar apenas alguns. Isso com frequência causa confusão e um dilema, porque a tentação de alcançar os modelos dos meios de comunicação de massa é assustadora. Como resultado, podemos querer alcançar o inferido *status* mais elevado, correr na roda de hamster do sucesso financeiro e perseguir objetivos elevados de realizações profissionais. Mas pergunte a si mesmo: "É disso que realmente preciso para ser realizado e feliz?". Se a resposta for sim, mais poder para você. Mas você poderá descobrir que está atualmente trabalhando em direção a um objetivo que não lhe dará o nível de realização que deseja – apenas uma visão distorcida do que a sociedade promove. Devemos nos comprometer ou abrir mão de nossos valores para acompanhar as massas? Estamos dispostos a sacrificar o que defendemos? Temos às vezes de decidir entre nossos valores e a conveniência? E quanto a sucesso financeiro e integridade? Não é preciso procurar muito na imprensa atual para encontrar historias de líderes ou homens de negócios que lançaram sua integridade ao vento para conseguir resultados financeiros ou algum tipo de reconhecimento pretensioso.

Na maioria dos casos, as discrepâncias são brandas. Nós simplesmente ficamos longe de nossas melhores intenções. Isso pode ser facilmente corrigido com um pouco de introspecção e disciplina.

Há um vão temporário entre quem *achamos* que somos e quem somos *realmente*. É humano. Nem sempre somos fiéis a nossos valores. Às vezes isso é premeditado, mas na maioria das vezes não é intencional. Gosto de me orgulhar por ter coragem, mas algumas vezes eu falho em tomar a frente. Gosto de pensar em mim como uma pessoa que trabalha duro, mas sou tomado por ataques de preguiça e procrastinação e às vezes pego atalhos. Desejo ser ótimo em ensinar, mas posso ser impaciente com as pessoas a quem ofereço mentoria. Isso tudo sustenta a prática de que devemos avaliar nossos valores e comportamentos regularmente. Na verdade, isso deveria ser um exercício para a vida toda. Dê uma boa olhada no espelho, de forma objetiva, e lembre-se de que as pessoas o estão observando e que seus comportamentos falam por si mesmos. Se você descobrir que não faz aquilo que exige das pessoas, faça melhorias e corrija o trajeto.

Em outros casos, os indivíduos podem ter um conjunto de valores completamente diferentes. Nesse ponto, a discrepância não é apenas radical mas com frequência irreversível. Pode ser o caso de uma identidade equivocada porque o indivíduo simplesmente não tem os valores que alega ter. Mas, cedo ou tarde, a verdade vai aparecer. Em 2000, quando eu era gerente de operações no Epcot, contratamos mais um gerente de operações. A pessoa em questão – vou chamá-la de David – tinha sido muito bem-sucedida e passado no processo de entrevista. Ele tinha oferecido o tipo de resposta que nos levou a acreditar que era não apenas qualificado para o trabalho, mas que seria a opção correta para nossa organização. Enquanto David passava pelo treinamento de alocação, pediram que eu cobrisse a área pela qual ele seria responsável. Um dia, enquanto caminhava por sua operação, um de seus futuros subordinados me abordou e contou um incidente que envolvera David. Aparentemente, David já tinha passado algum tempo em sua operação para se apresentar para sua equipe. Ao fazê-lo, se sentiu compelido a apontar para um pôster de *O rei leão* para "estabelecer as regras do terreno". Ele disse à sua equipe que, no que lhe dizia respeito, ele era o "topo da cadeia alimentar", assim como Simba no alto da Pedra do Rei, e eles, por outro lado, estavam na base da cadeia alimentar e estavam prestes a se tornar seus fiéis trabalhadores. A equipe ficou pasma. Ninguém na Disney pensaria que aquilo era apropriado.

Claramente, David ou não tinha assistido a *O rei leão* ou tinha deixado passar completamente as valiosas lições de liderança que transparecem ao longo de seu enredo! Nem é preciso dizer que ele não durou muito. David foi prontamente enviado para encontrar sua felicidade em outro lugar. No entanto, eu não podia deixar de me perguntar como ele tinha passado em todas as entrevistas sem provocar preocupações. Eu sabia que, por princípio, nós selecionávamos por alinhamento de valores para nos certificarmos de que os candidatos eram adequados para nossa cultura. Será que ele tinha dado as respostas certas, não por um esquema desonesto para conseguir o emprego, mas simplesmente porque era alheio a seu próprio comportamento e ao impacto que ele tinha nas pessoas? Talvez, apenas talvez, David exigia o que exigia mas não fazia o que dizia fazer e nunca ligava os pontos.

Em um ambiente profissional, podemos condenar carreiras com a distância entre nossos valores e nossos comportamentos. Enquanto os valores são a principal motriz de nosso sucesso, nós fracassamos em pesquisar extensivamente os valores de uma organização antes de nos juntarmos a ela. Nos distraímos com o pacote de benefícios e outras vantagens reluzentes. Como resultado, podemos nos ver trabalhando em um mundo em que sentimos uma constante entre o que nossos valores ditam e o que as exigências profissionais ditam. Essa não é uma situação confortável: é uma receita certa para o fracasso. Por fim, acabamos com poucas opções além de encontrar um ambiente melhor onde podemos prosperar ou, como David, somos dispensados em pouco tempo.

A propósito, ver-se desalinhado com os valores de sua organização não significa sempre que você é uma má pessoa, é apenas uma má combinação. É simplesmente mais fácil ser bem-sucedido em um ambiente que combine com os seus valores.

Esse exercício de autoconsciência vale a pena. Quando fechamos o vão entre nossos valores e nossos comportamentos, descobrimos que há um caminho livre a ser percorrido e a tomada de decisões se torna muito mais fácil. Isso traz consistência a nossa vida, pessoal ou profissional. Demonstramos integridade porque não há discrepância entre o que dizemos e o que fazemos. Como resultado, construímos melhores relacionamentos e promovemos um ambiente de confiança.

ACELERE
SEUS RESULTADOS

Para o preparo moral:

- Escolha os valores que o representam.
- Para uma lista bem abrangente de valores, acesse DanCockerell.com/Values [em inglês].

Para definir com mais clareza seus valores, responda às seguintes perguntas:

- Pelo que eu quero ser conhecido?
- O que eu quero que as pessoas falem a meu respeito?
- O que me deixa mais feliz e realizado?
- Quem são os modelos de comportamento a que eu gostaria de seguir?

Para avaliar se você está vivendo seus valores selecionados, identifique os comportamentos que amparam esses valores. Você pode dizer objetivamente que eles são parte de sua rotina diária?

Quando você se junta a uma empresa, avança em sua carreira, estabelece um objetivo ou se dedica a uma causa, é hora de uma nova avaliação. Faça a si mesmo as seguintes perguntas:

- Meus valores são favoráveis para alcançar este objetivo?
- Meus valores estão alinhados aos valores da empresa?
- Estarei disposto a comprometer meus valores para me dedicar à causa?
- Que desafio me levaria a comprometer esses valores?

Capítulo 4

Organização, priorização e habilidades de planejamento

Perdi a conta de quantas vezes meu pai disse: "Aquele que não planeja a vida que quer ter vai ter o que a vida der". Suas palavras sempre estiveram à frente dos meus pensamentos quando me preparava para o futuro. Por exemplo, sempre pensei que, um dia, gostaria de aproveitar minha experiência na Disney para compartilhar insights e lições de liderança que tive ao longo dela. Com isso em mente, por dezenove anos, sempre aceitei prontamente convites para ser palestrante convidado do Disney Institute. Esse departamento oferece treinamento sobre a abordagem da Disney quanto à qualidade de serviço, treinamento e liderança, entre outros tópicos, para empresas externas. Os participantes estão sempre ansiosos para conhecer os executivos da Disney e eu, de minha parte, sempre aproveitei a oportunidade e a usei para aprimorar minhas habilidades de oratória. Quando chegou a hora de dar início à minha nova carreira como consultor e palestrante, essa experiência me serviu muito e tive uma transição tranquila para meu novo papel.

Planejar é essencial, sobretudo considerando o ritmo em que funcionamos hoje, que exige que nos adaptemos rapidamente a mudanças. Para viver o melhor que pudermos, devemos não apenas planejar o futuro e organizar nosso tempo efetivamente, mas também usar esse tempo nas atividades certas.

Antes de tudo, todos nós devemos nos lembrar de que não temos uma *vida pessoal* e uma *vida profissional*. Nós temos *uma vida* e devemos encará-la holisticamente. Se você discorda de mim, sugiro que volte ao que eu escrevi anteriormente sobre preparo físico. Se não planejar seus treinos, tarefas e consultas médicas tão escrupulosamente quanto seus compromissos profissionais, vai pagar o preço no longo prazo. Por essa razão, é melhor ter *uma* agenda para registrar todas as suas tarefas. Poxa, eu incluo até as doses de vermífugo do meu cachorro em minha agenda!

Com muita frequência, conheço líderes de alta performance que têm estratégias, prioridades e planos para suas áreas de responsabilidade no trabalho usando cartões de pontuação, análises de recursos e check-ins regulares para avaliar o progresso. Mas, por alguma razão, esses líderes não conseguem aplicar esses mesmos princípios organizacionais a sua vida pessoal. Esse é um passo para trás porque habilidades organizacionais simples e gestão do tempo podem reduzir drasticamente o estresse tanto no escritório quanto em casa.

PLANEJE-SE PARA O IMPREVISÍVEL

A maioria dos líderes é, no mínimo, um pouco organizada (ou tem assistentes excelentes que organizam tudo), mas alguns se dão conta de que ser organizado não se trata apenas de completar todas as tarefas de uma lista de afazeres. Trata-se de ter as tarefas importantes e de longo prazo listadas em andamento *e* estar disponível para lidar com todas as outras coisas urgentes e importantes que aparecem todos os dias.

Há poucos lugares onde isso é mais necessário do que na Disney. Jamais soube como seria meu dia . Eu costumava dar mil chances para a minha família tentar adivinhar com o que eu tinha lidado naquele dia e sempre tinha 100% de certeza de que eles não conseguiriam adivinhar.

A conversa costumava ser assim:

– Oi, amor, como foi seu dia?
– Bem...

- Um helicóptero aterrissou no estacionamento por alguma razão...
- Alguém levou macacos vestidos de palhaço em um carrinho de bebê para o parque...
- Encontramos uma arma em um barco pirata...
- Um urso-pardo enorme estava perambulando pelos vestiários do camping e...
- Dois Dungas apareceram com outros cinco anões. E ainda não conseguimos encontrar o Mestre.

Assim é a vida de um líder da Disney. Seu reino pode não compreender exatamente os mesmos cenários, mas todos estamos sujeitos a surpresas. O que fazer então?

Uma vez que percebi que não havia como evitar o imprevisível, comecei a fazer planos para ele. De modo simples, mantive janelas de tempo flexível em minha agenda para lidar com o que quer que caísse no meu colo, fossem Dungas ou aterrissagens de helicóptero.

Grandes líderes são capazes de improvisar e de reagir espontaneamente a qualquer questão que aparecer. É por isso que ter um plano e *flexibilidade* é tão importante. Quando essas questões saem do trilho, ter aquele espaço de manobra para se acertar vai levá-lo de volta para o *seu* plano.

Então, em vez de ser uma vítima dos assuntos urgentes, reservei um tempo do meu dia para reagir e esperar por eles. Não me comprometi com coisas demais e fiz o que pude para evitar reuniões consecutivas. Do mesmo modo, eu reservava um tempo para almoçar. Esses intervalos me davam mais tempo para reagir a pedidos sem perder meu dia inteiro. Você pode se planejar para o inesperado!

FAÇA O QUE É CERTO NO MOMENTO CERTO

A Matriz de Eisenhower é uma ótima ferramenta que me ajuda a trazer clareza para todo o meu processo de gestão de tempo.

Como comandante-supremo das forças aliadas durante a Segunda Guerra Mundial e 34º presidente dos Estados Unidos, o general

Eisenhower precisava tomar decisões difíceis continuamente. Uma famosa frase sua diz: "O que é importante dificilmente é urgente, e o que é urgente dificilmente é importante". Com base nisso, ele criou a seguinte matriz para categorizar os itens pendentes de acordo com os parâmetros mais críticos de Importância e Urgência.

MATRIZ DE DECISÃO DE EISENHOWER		
	URGENTE	**POUCO URGENTE**
IMPORTANTE	**FAZER** Faça agora	**DECIDIR** Agende um horário para fazer isso
POUCA IMPORTÂNCIA	**DELEGAR** Quem pode fazer isso pra você?	**DELETAR**

Como mostra a matriz, devemos minimizar os itens **Não importantes/Não urgentes** que geram pouco ou nenhum valor: mídias sociais, pausas para o café, rotina inútil e esforços duplicados, entre outros. Vamos encarar: todos nós temos alguns desses escondidos nos cantos e recantos de nossas agendas. Você pode receber de volta uma mina de ouro de tempo valioso ao avaliar o impacto de atividades triviais. É hora de fazer uma faxina geral para se livrar de peso morto. Esses itens têm de ir embora!

O quadrante **Não importante/Urgente** contém coisas que precisam de uma resposta ou uma ação – mas não necessariamente da sua parte! Esse é seu quadrante "delegar". As pessoas ao seu redor querem assumir mais responsabilidades e são capazes de fazê-lo. Assuma alguns riscos e delegue as tarefas que você sempre acreditou que tinha de cuidar. Você vai se surpreender com a quantidade de atividades que consomem tempo e que você pode eliminar permitindo que outras pessoas aprovem e decidam. Abrir mão é uma coisa difícil de fazer. Nosso ego às vezes entra em nosso caminho, ou resistimos a outorgar certa tarefa simplesmente porque gostamos de cuidar dela. É frequente nos agarramos à autoridade por medo de erros ou por um senso de autovalorização. Mas delegar mostra que você confia em sua equipe e que procura desenvolvê-la. Você vai se surpreender com o quanto eles ficarão motivados por tomar a frente. Não é difícil se você seguir estas regras simples:

1. Estabeleça expectativas claras e defina o que precisa ser realizado.
2. Certifique-se de que eles têm as ferramentas e os recursos necessários.
3. Fique de olho nas coisas e monitore de longe. Tome a frente para corrigir o curso e oferecer orientação se necessário.

A recompensa é imediata! Você não só vai instilar um ambiente de confiança em sua organização como vai ganhar muito tempo valioso para si mesmo. Consequentemente, você poderá passar mais tempo fazendo a diferença em outras áreas.

Também é prudente lembrar que, embora você possa delegar sua *autoridade* aos outros, nunca poderá delegar a *sua responsabilidade*. Essa é uma mensagem segundo a qual você deve viver e a qual deve comunicar à sua equipe. Então, delegue com atenção e cuidado regularmente.

Nós nos agarramos à autoridade por medo de erros ou por um senso de autovalorização. Mas delegar mostra que você confia em sua equipe e que procura desenvolvê-la.

O quadrante **Não importante/Urgente** também contém fatores que têm a ilusão de importância mas são, na verdade, impostores. Interrupções tecnológicas, tarefas administrativas repetitivas, reuniões desnecessárias e problemas de outras pessoas podem parecer importantes – e podem ser para os outros –, mas nem sempre são importantes para você como líder.

O quadrante **Importante/Urgente** são os itens que precisam ser resolvidos imediatamente e que só podem ser resolvidos por você. Essa é apenas a natureza de muitos trabalhos. Como mencionei, não podemos prever quando eles vão ocorrer, mas temos que planejar porque sabemos que vão acontecer. Pense nos bombeiros em seu quartel local. Eles não sabem quando terão de responder ao próximo chamado de incêndio, mas sabem que o alarme vai soar em algum momento – e que, quando soar, precisam estar prontos para atender. Então apenas fique preparado, mantendo sua agenda flexível para lidar com questões urgentes.

Os itens **Importante/Não Urgente** também são aqueles que apenas *você* pode resolver. A diferença, no entanto, é que essas questões, ao contrário das urgentes, não têm consequências imediatas. É aqui que você pode se concentrar em grandes decisões, traçar estratégias, preparar-se para grandes projetos, procurar melhorias de operação, considerar e planejar o futuro e, em geral, pensar bem. O método da Matriz de Eisenhower defende agendar esses itens para um período apropriado. Tenha em mente que isso só vai funcionar se você estiver certo de que seu período "apropriado" não será tomado por alguma emergência inesperada. Infelizmente, esse era frequentemente o caso quando eu trabalhava na Disney, então adotei uma abordagem um pouco diferente, baseada no antigo ditado: "O único modo de comer um elefante inteiro é pouco a pouco". Eu considero os itens em minha categoria "Importante/Não Urgente" meus elefantes. (Meu veterinário favorito, o renomado dr. Mark Penning, pode objetar a analogia, mas sem problemas: eu não tenho desejo algum de provar um elefante!)

Meu raciocínio é o seguinte: desde que eu devore "pouco a pouco" meu elefante todo dia e passe um pouco de tempo pensando nele e fazendo progressos ínfimos, posso lentamente abocanhá-lo. Na Disney, eu às vezes me via lutando para equilibrar meu tempo entre conseguir os resultados de hoje e planejar o futuro. Isso, na verdade, é um dos maiores desafios de ser um líder. Você precisa ter disciplina para mudar o foco entre uma coisa e outra continuamente. Então, sempre que uma oportunidade se apresenta, eu trabalho para progredir com meus "elefantes". Passos pequenos podem fazer uma diferença enorme. Como James Clear diz no livro *Hábitos atômicos* (Alta Life, 2019), se você melhorar 1% por dia durante um ano, vai acabar 37 vezes melhor no fim de cada ano.

COMO ISSO SE DESENROLA

Com uma melhor organização e clareza de objetivos, posso passar muitos itens essenciais para meu quadrante "Importante/Não Urgente". Esse sempre é o objetivo. Infelizmente, os itens "Importante/Urgente" nunca parecem ir embora por completo. Às vezes, sou empurrado para atividades importantes por causa de minha própria falta de planejamento ou previsão. Outras vezes, recebo pedidos urgentes que devem ser atendidos imediatamente. Na maioria dos casos, é apenas a natureza do negócio.

Como mencionei, na Disney, com frequência vivia nesse quadrante. Quando uma questão operacional obrigou um navio de cruzeiro da Disney a atrasar seu retorno a Port Canaveral, a operação do Walt Disney World teve que lidar com 2 mil passageiros presos em Orlando por três dias, sem quartos reservados. Fiquei com a tarefa de montar uma recepção no Epcot onde atendemos os visitantes e os direcionamos a quartos disponíveis na Disney ou nas proximidades. Para 2 mil pessoas precisamos de um bocado de quartos, e havia uma montanha de bolsas e malas para despachar! Minha equipe e eu rapidamente cuidamos da situação. Todos tomamos a frente e completamos a tarefa.

Esse é o tipo de cenário que pode tirá-lo dos trilhos por um dia ou até uma semana. O estresse de trabalhar com esses eventos imprevisíveis vai pesar sobre todos. Daí a necessidade de operar sob estas três condições:

1. Estar preparado tanto física como mentalmente para não ceder à pressão. Se você tiver uma agenda fiel e seguir seu plano de exercícios, estará preparado para lidar com situações particularmente estressantes.
2. Ter uma ferramenta de planejamento como a Matriz de Eisenhower para dar clareza e ajudar a decidir o que fazer com a lista de pendências durante épocas desafiadoras.
3. Estar cercado por uma equipe de confiança, sabendo exatamente o que eles podem fazer por você. Se você delegou e testou as reações capacitando os membros de sua equipe regularmente, vai saber do que são capazes. Você saberá em quem pode confiar para assumir algumas decisões na hora da verdade. Não espere uma crise aparecer para começar a delegar.

Todo dia, a primeira coisa que eu fazia de manhã era dar uma olhada em minha própria matriz e dar atenção ao boxe "Importante/Urgente". Eu prometi para alguém que ia ligar hoje? Há um e-mail ou uma resposta que precisa de atenção imediata? Surgiu alguma coisa que demanda uma tomada de decisões rápida? No Magic Kingdom, você pode apostar que as respostas a essas perguntas são sim, sim e sim. Então, eu acordava cedo, cuidava dos itens urgentes e então mergulhava no trabalho importante, não urgente, meus "elefantes". Se o plano funcionasse bem, as questões urgentes do dia podiam ser negligenciadas ou eu usaria parte do tempo da minha agenda flexível para terminá-las. Esses espaços abertos de tempo nem sempre ficavam vagos por muito tempo. Mas, quando ficavam, eu caminhava pelo parque ou almoçava rapidamente no refeitório com membros do *cast* da linha de frente, o que permitia que eu medisse como andava minha operação. Obtive uma grande quantidade de informações valiosas dessa forma. Como resultado, podia prever problemas e receber novas sugestões e ideias.

FAÇA VALER A PENA

Eu gostaria de compartilhar um último insight sobre a questão da organização. Hoje em dia, somos bombardeados com todo tipo de informações, opções e exigências que temos de filtrar. Como resultado, somos puxados para milhares de direções ao mesmo tempo. Isso resulta no que eu chamo de efeito "esquilo". Se você já viu um esquilo se lançar correndo na frente de um carro, notou como eles parecem mudar de direção diversas vezes antes de se comprometer com uma. É um caso do que muitas pessoas hoje chamam de MDDP (medo de deixar passar) ou MDOM (medo de uma opção melhor). Todos já estivemos nessa situação, sem saber que rumo tomar e mudando de opinião inúmeras vezes, ou nos distraindo do que realmente estamos tentando fazer. Isso causa muitos problemas de comprometimento em nossa vida pessoal e profissional, e em geral esses problemas estão ligados a como usamos nosso tempo.

A solução é simples (mais uma vez, não confunda simples com fácil): reserve tempo para repassar bem suas decisões e então se comprometa em permanecer no caminho e ir até o fim, sem deixar que distrações o desviem de seu objetivo. Se estiver dando início a uma nova iniciativa, apoie-a 100%. Se estiver passando tempo com alguém, desligue o telefone e esteja, de fato, presente. Uma vez percorri o Magic Kingdom com Bob Iger, CEO da Walt Disney Company, e, enquanto caminhávamos pelo parque, ele ficou ombro a ombro comigo e ouviu atentamente enquanto eu falava. Também fiquei impressionado com a atenção que ele dedicava aos membros do *cast* que cruzavam nosso caminho. Estou certo de que havia um milhão de outras coisas que poderiam tê-lo distraído da tarefa iminente, mas ele se certificava de ter uma interação de qualidade com todo mundo. Eis um exemplo impressionante para imitar.

Da mesma forma, se você for passar algum tempo com alguém, sejam colegas de trabalho, seus filhos ou sua esposa, faça valer a pena. Tempo é um artigo raro. Você não vai receber de volta o que desperdiçou. Então fique focado, fique no caminho e não seja um esquilo.

ACELERE
SEUS RESULTADOS

Para o preparo organizacional:

- Adote uma abordagem holística. Combine suas agendas profissional e pessoal e sua lista de objetivos.
- Prepare-se para o inesperado. Permita-se intervalos de tempo para responder a questões urgentes.
- Crie sua própria Matriz de Eisenhower usando o quadro apresentado neste capítulo. Agora, o que você deve fazer: decidir, delegar ou deletar?
- Não espere que uma crise irrompa para começar a delegar. Faça disso uma ocorrência usual e conheça as capacidades de sua equipe.
- Ataque suas tarefas Importantes/Não Urgentes "pouco a pouco".
- Não se distraia. Quando se trata de investir tempo, favoreça a qualidade em detrimento da quantidade.

PARTE 2

LIDERANÇA DE EQUIPES

Como muitos adolescentes norte-americanos, cresci amando futebol americano. Joguei durante a maior parte da minha juventude e fui a estrela do meu time do ensino médio como o *running back* que mais pontuava. Eu me imaginei jogando na faculdade, e avidamente me tornei figurante do time da Universidade de Boston em meu ano de calouro. Essa acabou sendo uma de minhas lições mais dolorosas sobre humildade: logo descobri que não era rápido o suficiente ou sequer bom o bastante para jogar em nível universitário. Mais importante, eu sabia que levaria um tempo para chegar lá, se eu chegasse.

Por meio de uma série de encontros de sorte, me juntei ao time de rúgbi e desenvolvi uma paixão pelo esporte. Caso você não tenha familiaridade com o rúgbi, vou explicar: é muito similar ao futebol americano, sem os acolchoados de proteção. O equipamento de proteção consiste em protetores bucais e de orelhas. Trata-se de uma atividade bastante bruta à qual costumam se referir como "um esporte de *hooligans* jogado por cavalheiros". Considero esta uma fiel descrição das partidas: embora feroz, intenso e às vezes violento, em geral as partidas acabam com os dois times dividindo rodadas de cerveja durante os notórios "terceiros tempos" do rúgbi.

Mais do que a camaradagem e o atletismo, diversos aspectos do rúgbi tinham apelo para mim. Mais tarde, eu os reconheci como essenciais não apenas para o sucesso no esporte, mas também para o sucesso organizacional. Em primeiro lugar, os jogadores de rúgbi são de todas as formas e tamanhos. Os robustos e fortes (os da linha de frente) protegem, marcam e vão fazer qualquer contato necessário para ganhar ou continuar com a bola – em geral batendo cabeça uns contra os outros durante a maior parte da partida. Brutos de verdade. Os mais rápidos e esguios da retaguarda usam sua velocidade para quebrar linhas defensivas, ficando, portanto, fora do combate a maior parte do tempo. A diversidade de talentos é necessária para o time tanto quanto em qualquer equipe de negócios. É preciso uma variedade de forças para ser bem-sucedido, e um grande líder deve ter a habilidade de identificar e reconhecer o talento de todos.

Em segundo lugar, considero o rúgbi o melhor esporte de equipe: a dinâmica do jogo é tal que todos podem avançar com a bola e todos no time podem pontuar, independentemente de sua posição, e ninguém consegue fazer isso sozinho. Para tornar as coisas apenas um pouco mais desafiadoras, um jogador só pode fazer um passe recuado para alguém de seu time, o que quer dizer que você sempre deve estar presente com um papel de apoio e confiar que sua equipe também irá "tomar conta de você" e estar presente quando você precisar. Ao longo de minha carreira, descobri que esse é um pré-requisito para qualquer papel de liderança. Às vezes você leva a bola adiante, e às vezes outro membro da equipe o faz – e é melhor você estar lá para ajudar.

Por último, mas não menos importante, eu tive a sorte de ser capitão de vários times na Universidade de Boston, e me dei conta de que não era o mais forte, nem o mais veloz, ou o melhor jogador do time, mas eu podia reunir as tropas e me certificar de que daríamos o máximo que podíamos. Assim como um líder de negócios, eu tinha que dar o exemplo para todos seguirem, então eu era diligente com meu preparo e meus treinos. Então eu tinha que me certificar de que todos estavam o mais preparados possível no dia do jogo. Isso requeria um pouco de criatividade sagaz, contudo minha estratégia estava bem afiada: jogadores de rúgbi são "socialites" notórios, então eu organizava uma festa nas noites de quinta e me certificava de que o time se divertia bastante. Como resultado, os jogadores estariam exaustos demais para sair na sexta, véspera dos jogos. Era um jeito certo de garantir que eles estivessem descansados e prontos para os jogos de sábado. (Como diz o ditado: "O fim justifica os meios".) Eu também tinha que prestar atenção a todos os jogadores diferentes do time: os novos, que estavam tentando decidir se continuariam; os selvagens, que eu tinha que manter sob controle; os quietos, os quais às vezes precisavam de uma palavra de incentivo; e até os veteranos com quem eu podia contar para me apoiar.

Muitas dessas habilidades que adquiri quando jogava rúgbi se provaram valiosas quando me tornei um líder na Disney. Eu aprendi sobre apreciar o valor de talentos diferentes, colaboração em equipe, confiança, dar exemplo e a importância dos relacionamentos.

Capítulo 5

Selecionar e reter novos talentos

Quando me tornei gerente de operações do All-Star Resort da Disney, passei cerca de oito semanas em treinamento de imersão. Minha única experiência com hotéis naquela época tinha sido como recepcionista do Contemporary Resort durante o programa da universidade. Agora era responsável pelas operações da recepção e da governança de um hotel com 1.920 quartos. Como aconteceu em todos os outros papéis, e como é o costume na Disney, recebi a fantasia apropriada (de acordo com a suposição da Disney de que os membros das equipes são, na verdade, o elenco de um programa, nos referimos aos uniformes como fantasias) e comecei o treinamento em cada posto do hotel.

Aprendi a fazer o check-in dos hóspedes, a fazer reservas de quartos pela preferência e pelo tempo de estadia e a fazer reservas para o jantar. Também aprendi a lidar em primeira mão com pedidos e reclamações variados de hóspedes.

Então vieram as duas semanas de aprendizados incríveis e de humildade de meu treinamento: governança! No All-Star, cada camareiro recebe dezoito quartos para limpar por dia. Alguns de pessoas ainda hospedadas e outros que já passaram pelo check-out. Em média, os camareiros têm dezessete minutos para limpar um quarto de um hóspede que ainda está no hotel e 28 minutos se o hóspede já tiver feito o check-out. No fim do meu treinamento de duas semanas, eu conseguia limpar apenas catorze quartos em um turno, sem intervalos, sem almoço. Depois dessa experiência, eu deixo uma gorjeta bastante generosa para cada camareiro em qualquer hotel em que me hospedo. Tendo "passado por isso", tenho empatia por quão duro eles trabalham!

O que isso tem a ver com selecionar e reter um talento? Bem, deixe-me lhe contar sobre Blanca, minha instrutora de governança. Blanca fez o melhor que pôde para me mostrar os segredos de limpar os quartos rapidamente e ainda manter os padrões de limpeza da Disney. Não importava o quanto eu tentasse limpar rápido, eu acabava fazendo várias viagens até meu carrinho de produtos, tinha que dar a volta na cama muitas vezes para fazê-la e deixava passar muitos detalhes para os quais Blanca chamava a atenção.

Um dia, durante o fim do meu treinamento, Blanca me disse que faria uma inspeção detalhada em um dos meus quartos e me mostraria o nível esperado de detalhes. Eu limpei, espanei e conferi duas vezes antes de ela aparecer no quarto com sua luva branca.

Ela caminhou pelo quarto, verificando minhas dobras hospitalares suspeitas nas camas e procurando poeira em todos os parapeitos. Por fim, ela foi até o banheiro e pediu que eu a seguisse. "Dan, você limpou a banheira?", perguntou. Eu lhe disse que a banheira estava limpa, então por que ela estava perguntando? Blanca não cedeu e me perguntou novamente – do modo que uma mãe pergunta ao filho se ele escovou os dentes. "Dan, você limpou a banheira?" A essa altura, ela já estava com o dedo na minha cara, e eu senti como se minha mãe estivesse me interrogando. Finalmente, eu admiti encabulado que não tinha limpado a banheira porque ela *parecia* limpa, e eu queria me concentrar no restante do quarto.

Eu tinha duas perguntas para Blanca. A primeira era a que qualquer criança faz quando é pega: "Como você descobriu que eu não tinha limpado a banheira?". Ela me disse que, para começar, a banheira estava seca: "Pelo menos molhe um pouco a banheira se quiser que ela pareça limpa!". Aparentemente, não tinha sido o crime perfeito. Minha segunda pergunta foi: "Blanca, se a banheira está limpa, então quando eu preciso limpá-la?". Ela deu um passo para trás e me explicou: "Dan, a única maneira de manter uma banheira limpa é limpá-la enquanto ela parece limpa. Quando o mofo ou o bolor começarem a aparecer, então é sinal de que você está atrasado demais! Esses quartos têm de estar impecáveis e quero o melhor para os *meus* hóspedes!". Ela era uma perfeccionista orgulhosa e tomava posse total de *seus* quartos e de *seus* hóspedes. Bem, aí está, meu primeiro vislumbre do talento em ação: sua atitude!

Perguntei a Blanca onde tinha aprendido aquela abordagem da limpeza, e ela orgulhosamente contou que sua mãe tinha lhe ensinado. Eu conheci muitos camareiros que tinham seus próprios segredos de sucesso para manter seus quartos limpos, e quero dizer *seus* quartos. Eu estava surpreso com o senso de posse e de orgulho e suas atitudes em relação a seu ofício. Eu não sabia, na época, que alguns dos hóspedes que voltavam com frequência pediam um quarto específico em uma área do hotel por causa do cuidado e da atenção que tinham recebido de um camareiro em particular durante as visitas anteriores. Eles conheciam os membros do *cast* pelo nome e esperavam ansiosamente estar sob seus cuidados. O sentimento era mútuo. Parecia que os camareiros estavam recebendo membros da família deles!

Você pode transmitir as habilidades corretas, mas não a atitude correta.

Deixe-me lhe contar mais uma história sobre um talento estrelar. Deb chegou à minha equipe no Magic Kingdom quando estávamos fazendo uma transição para uma nova estrutura organizacional. Disseram a ela que seria preciso adquirir um pouco de experiência operacional para avançar para o próximo nível na Disney. Fazia anos que Deb não liderava equipes em operações diárias. Ela tinha muito a aprender sobre os pormenores de tocar a Space Mountain, o Space Ranger Spin de Buzz Lightyear e o Cosmic Ray's, um dos restaurantes mais rentáveis do mundo. Eu não estava preocupado com sua falta temporária de conhecimento e habilidades, porque tínhamos uma equipe forte no Magic Kingdom, e eu sabia que, se Deb reservasse tempo para aprender e mergulhasse nisso, ela reuniria as habilidades técnicas de que precisava para liderar o grupo, o que fez rapidamente. Ela tinha um alto desempenho e inspirava sua equipe a buscar aprimoramento contínuo.

O mindset de Deb, sua atitude positiva e energia foram o que realmente a fizeram ter sucesso. Ela rapidamente conseguiu construir uma ótima cultura em seu departamento. Sua equipe permanecia positiva em tempos bons e na adversidade e lidava proativamente com qualquer desafio. Um rugido baixo e constante parecia sair de seu escritório ou sala de conferência. Uma das minhas atividades favoritas era invadir suas reuniões de equipe, fingir que estava furioso e berrar: "Mas o que é que está acontecendo aqui? Estamos tentando trabalhar aqui do lado!". Deb costumava dizer com um sorriso: "Bem-vindo à reunião, chefe, que bom que você veio. Ei, pessoal, contem ao Dan a nova ideia de vocês!".

Sua abordagem positiva e brincalhona no trabalho era contagiante. Ela levava energia todos os dias para dividir com quem quer que quisesse um pouco. Como Blanca na governança, Deb tinha uma motivação para ser ótima no que fazia, se orgulhava de seu trabalho e, no seu caso, levava seus subordinados diretos e qualquer pessoa próxima nessa jornada com ela.

Então como podemos encontrar as Blancas e Debs do mundo? Como podemos identificar o talento certo para nossa equipe e depois aproveitar ao máximo esse talento? Como nos certificamos de que os talentos que reunimos são os certos para a equipe e que se complementam mutuamente? Como enxergamos além de nossas próprias ideias preconcebidas e aumentamos o escopo de nosso talento para nossa empresa?

IDENTIFIQUE AS HABILIDADES CERTAS
("VOCÊ É CAPAZ DE FAZER O TRABALHO?")

Vamos começar com a palavra *talento*. O que geralmente nos ocorre são as habilidades. Penso em profissionais dos negócios em seu mais alto desempenho. Como atletas, músicos ou artistas, eles podem identificar um talento para usar produtivamente e transformam esse talento em habilidade desenvolvendo-o. Há maneiras limitadas de fazer isso, e requer tempo e foco.

Malcolm Gladwell popularizou a teoria de que 10 mil horas é o número mágico necessário para se tornar excelente em qualquer atividade. Muitos apontaram falhas em sua teoria. De qualquer modo, deve-se estar preparado para dedicar muito tempo para praticar e incorporar um talento. Não estou dizendo que não podemos ser *bons* em determinada empreitada, mas a verdade é que só podemos nos tornar ótimos em uma, talvez duas áreas. Eu, por exemplo, não sei cantar. Não importa quanto tempo eu dedique a isso e pratique, não vou conseguir alcançar uma nota à força. Eu simplesmente não tenho o talento para um dia me tornar um grande cantor. É a vida!

Eu costumava pensar que podia motivar, treinar e encorajar qualquer pessoa para se tornar excelente em qualquer coisa. Então, Valerie e eu tivemos três filhos, e joguei essa ideia pela janela. Fiquei convencido de que nossos talentos estão inculcados em nós. Como três crianças que cresceram na mesma casa, foram criadas pelos mesmos pais e frequentaram a mesma escola podem ser tão diferentes? Qualquer pai que tem mais de um filho entende isso muito bem. Valerie e eu concluímos desde cedo que não iríamos mudar nossos filhos para que eles se encaixassem em um molde que desejávamos. Estava claro que precisávamos ajudá-los a identificar seus talentos e incentivá-los e apoiá-los para desenvolver esses talentos até se tornarem habilidades.

Há obviamente uma diferença entre ter filhos e contratar funcionários para empresas – ou seja, você não contrata e não pode despedir seus filhos! (Embora certamente procuramos saber sobre a possibilidade dessa opção em certos momentos durante a adolescência dos nossos filhos.) Mas os mesmos princípios funcionam para o mundo corporativo: as pessoas já têm alguns talentos arraigados. É papel de um líder identificar esses talentos e dar aos membros da equipe uma oportunidade de transformá-los em habilidades. Blanca precisou de muita prática para aperfeiçoar sua rotina para limpar os quartos da maneira mais eficiente possível. Hoje, ela sabe como organizar os materiais em seu carrinho, arrumar a cama sem precisar se movimentar inúmeras vezes e fazer a limpeza proativamente. Foi apenas por meio da prática e da experiência que ela adquiriu essas habilidades. Nós podemos aprender facilmente algumas delas por meio de outras pessoas, mas leva tempo para alcançar a perfeição e torná-las instintivas.

E quanto à habilidade em nível de liderança? Como mencionei antes, recomendo fortemente usar o StrengthsFinder 2.0 como um guia para identificar seus talentos – especificamente a inteligência emocional exigida de alguém em posição de liderança. Para reiterar, ela está dividida em quatro categorias: habilidades de execução, habilidades de relacionamento, habilidades de influência e pensamento estratégico. Leve em consideração quais talentos você precisa levar para sua equipe e que habilidades sua missão requer. Você pode não acertar todas as vezes, já que tais habilidades podem ser subjetivas, mas essa metodologia irá remover algumas das armadilhas em seu processo de seleção. Ouça as histórias que as pessoas contam sobre suas experiências anteriores de trabalho. Como elas trabalham com uma equipe? Como se comunicam? Como dão feedback e reconhecimento? Como lidam com desafios e prazos? Se nenhum detalhe estiver disponível, é provável que elas não fossem as melhores nessas habilidades ou simplesmente não tenham experiência nessas áreas.

Quanto às habilidades técnicas, acredito firmemente que, como Deb ou eu durante nossos processos de integração, cada líder deve passar o maior tempo razoavelmente possível trabalhando em suas operações e aprendendo a se familiarizar. Não há como desviar disso se estiver visando ao seu sucesso e a sua credibilidade em longo prazo.

IDENTIFIQUE PAIXÃO
("VOCÊ QUER FAZER O TRABALHO?")

Um dos dezenove cargos que eu tive na Disney Company envolvia um período no RH. Eu me considero uma pessoa que gosta de gente e que de bom grado toma a frente, ansiando adquirir novas habilidades.

Rapidamente descobri que trabalhar com RH na verdade me afastou do que eu mais gostava: interagir com pessoas. Em certo ponto, me encarregaram de um projeto para melhorar a interação entre visitantes e membros do *cast*. Realmente poderia mergulhar em minha experiência como gerente para tocar o projeto, mas eu era sobretudo um colaborador individual naquela posição em particular. De fato aprendi muito, contudo, descobri que tinha pouco apreço por esse papel de apoio. Meu coração estava em operações, onde eu podia estar no centro do combate. Claramente, minha paixão não estava lá, e é provável que isso tenha transparecido em minha performance. Felizmente, isso não durou muito, e eu fiquei aliviado quando me transferiram para o parque.

A paixão pode ser outro elemento subjetivo para considerar, mas ele com certeza faz uma diferença enorme no desempenho. Tanto Deb quanto Blanca adoram o que fazem. Isso transparece em sua energia, seu orgulho, seu desejo de melhorar e seu comprometimento com seus papéis. Seu nível de profissionalismo e orgulho não são transferíveis nem podem ser ensinados. Então, se quando você entrevista um candidato ouve empolgação, orgulho e entusiasmo, tudo isso é indicativo de seu futuro desempenho. Esse candidato em particular se interessa apenas pelo pacote de benefícios ou ele/ela está de fato ansioso pelo trabalho? Pode apostar que, se a primeira opção for a verdadeira, o comprometimento com o trabalho rapidamente evapora assim como aconteceu comigo no RH. Se for o caso da segunda, você estará contratando alguém ávido para ir trabalhar todos os dias e acessando uma reserva de energia, criatividade, vigor e comprometimento que apenas uma paixão pode provocar.

IDENTIFIQUE A ATITUDE
("VOCÊ VAI SE SOBRESSAIR NO TRABALHO?")

Na minha opinião, essa é a condição isolada mais importante para um ótimo desempenho: atitude! Esse candidato vai dizer "sim" para mudanças? Esse candidato vai estar disposto a sair de sua zona de conforto? Esse candidato estará disposto a aprender? Esse candidato superará barreiras e obstáculos? Esse candidato irá recusar receber um "não" como resposta? Como argumentei no capítulo anterior sobre mindset, ter a habilidade de pensar positivo diante de uma incerteza e encontrar os recursos para superar obstáculos é essencial para o sucesso independentemente do cargo que você ocupa, seja na linha de frente ou na liderança. A atitude certa é o "x" da questão. Muitas histórias de sucesso foram fundadas sobre a atitude correta, e muitas carreiras foram condenadas por causa de uma atitude ruim. Nas palavras de Jack Sparrow de *Piratas do Caribe*: "O problema não é o problema; o problema é sua atitude em relação ao problema".

Identificar uma grande atitude pode parecer desafiador se você não souber que perguntas fazer. Carol Quinn, a autora de *Motivation based interviewing: a revolucionary approach to hiring the best* [Entrevistar com base na motivação: uma abordagem revolucionária para contratar os melhores], criou uma técnica bastante simples e efetiva de perguntas direcionadas (leia mais em seu livro). Eu a considero uma grande ferramenta mesmo que você não seja especialista em RH. Trata-se não apenas de um meio direto de adquirir novas habilidades para ser um entrevistador mais eficiente, mas também é uma ótima ferramenta para identificar habilidades, paixões e atitude em cada interação.

DIVERSIDADE E INCLUSÃO

Durante o período em que fui vice-presidente do Magic Kingdom, comecei a convidar Matt, um de nossos engenheiros industriais júnior, para minha reunião de equipe semanal.

Para contextualizar, a Engenharia Industrial teve um papel essencial no Walt Disney World desde sua inauguração, em 1971. Como "Analistas de Pesquisas em Operações" eles são solucionadores de problemas de alto nível que usam técnicas avançadas, como mineração de grandes dados, otimização, análise estatística e modelos matemáticos para propor soluções que ajudem negócios e empresas a operar de modo mais eficiente e a custos mais efetivos.

Bruce Laval ou, como o chamávamos carinhosamente, "o pai da Engenharia Industrial", levou essa abordagem para os parques temáticos da Disney e mudou para sempre o modo como esses lugares mágicos eram operados e planejados.

A contribuição da Engenharia Industrial é inestimável. Na verdade, eu nunca tomaria uma grande decisão sem a opinião dos engenheiros industriais.

De volta ao Matt.

Alguns dos meus subordinados diretos no nível de gerência-geral questionaram o valor de sua presença devido à sua pouca idade e tempo na empresa. Meu ponto de vista era simples: ele é jovem, imparcial, tem um conjunto de habilidades que nenhum de nós tem, olha para a operação do parque de modo diferente e faz perguntas que nós não consideraríamos se não fosse esse o caso. De que eu não gostaria? Eu não conseguia ver nenhum lado ruim em sua presença e acabei com a prova de que estava certo em muitas ocasiões. Matt sugeriu diversas mudanças positivas com base em seus estudos e análises dos dados do parque, além de sua experiência pessoal ali trabalhando e observando a operação do parque. Ele era humilde, esperto e não se intimidava ao dar sua opinião. E o melhor de tudo: ele tinha uma atitude vencedora em relação a tudo o que fazia.

Os méritos de levar diversidade para uma equipe estão bem estabelecidos, seja uma diversidade de talentos, gêneros, gerações perspectivas, opiniões e formações. Na minha opinião isso é uma obviedade, e quem nega as vantagens de um "caldo cultural" seria tolo. No entanto, também está bem documentado que costumamos gravitar rumo a pessoas que parecem, pensam e se comportam como nós mesmos, mesmo que seja para ficarmos em nossa zona de conforto. Olhe ao seu redor: as pessoas de quem você se cerca são todas parecidas? E quando ao gênero? Idade? Etnia? Todas elas têm a mesma formação e os mesmos caminhos profissionais? Todas elas operam no mesmo nível? Todas fazem as mesmas perguntas? É bem provável que as respostas sejam afirmativas. Por quê? Porque, se não buscarmos intencionalmente a diversidade, vamos apenas ficar dentro dos limites de segurança daquilo que conhecemos e com que estamos confortáveis.

Esse era um problema contra o qual lutávamos na Disney. Entendíamos racionalmente o valor da diversidade. Encontrávamos candidatos externos e dizíamos que queríamos suas perspectivas renovadas e sua abordagem nova, e que queríamos que eles desafiassem nosso raciocínio. No entanto, assim que começavam a trabalhar, fazíamos com que passassem por um processo de integração e explicávamos como as coisas funcionavam – e, quando ofereciam novas ideias e opiniões, rapidamente tentávamos justificar por que aquilo não funcionaria na Disney. Nós queríamos novos insights mas, simultaneamente, derrubávamos os recém-chegados à submissão até que eles cedessem e começassem a pensar do modo "Disney".

Montar uma equipe diversificada é apenas o ponto de partida. Muitas empresas contratam um membro "símbolo" de diversidade para a equipe apenas para tentar moldar aquela pessoa ao seu modo de pensar ou, ainda pior, sufocam suas tentativas de trazer uma abordagem nova. A diversidade é útil apenas quando é acompanhada de inclusão. Um grande líder deve estar disposto a ouvir e a dar voz aos outros. Mais importante, um líder deve ouvir ideias e perspectivas diferentes e permanecer aberto para ser desafiado. Diversidade é ser convidado para a festa; inclusão é ser tirado para dançar.

Outro ponto que gostaria de abordar a respeito da diversidade: eu me considero um homem aberto, que acolhe pessoas de diferentes idades, gêneros, etnias, formações, orientações sexuais, religiões e opiniões com interesse e curiosidade. No entanto, independentemente do quanto sejamos autoconscientes e acolhedores, todos fazemos suposições que podem se revelar de modos mais sutis. Por exemplo, certa vez, uma diretora que respondia a mim, mas que era nova em minha equipe e que tinha sido transferida de um posto de apoio, voltou da licença-maternidade. Eu sabia que sua transição tanto no cargo profissional *quanto* como mãe seria desafiadora, então procurei lhe dizer que a apoiaria e que me certificaria de que ela conseguisse o equilíbrio necessário em sua vida para tomar conta de seu bebê recém-nascido.

Antes que eu continuasse a falar, ela me cortou: "Meu marido e eu discutimos a questão e eu espero continuar a ser considerada em meu trabalho como todas as outras pessoas independentemente de meu *status* de 'nova mãe'". Fiquei surpreso com sua resposta e considerei seu tom bastante rude e assertivo. Quando cheguei em casa, contei sobre a interação para minha esposa, que imediatamente perguntou: "Você teria feito o mesmo comentário para um novo pai?". Ela mostrou o óbvio. Por mais que eu estivesse tentando ser útil e solícito, não teria me ocorrido fazer esse comentário se eu estivesse lidando com um homem da minha equipe. Embora minha intenção fosse mostrar empatia, eu me dei conta de que estava fazendo suposições falhas e parciais. Claramente, aquele casal estava dividindo a carga das responsabilidades parentais e ambos estavam bem preparados para sua nova vida em família. Pensar que isso afetaria o desempenho da funcionária da minha equipe era, no mínimo, presunçoso.

RETER NOVOS TALENTOS

Milhões de vagas de emprego não são preenchidas nos Estados Unidos atualmente. Estamos todos competindo pelo melhor talento, e, já que se trata de um mercado de trabalhadores, as pessoas têm opções. Além do mais, anunciar vagas abertas, entrevistar e treinar geram custos para a empresa, assim como a baixa produtividade de se estar com pouco pessoal. Não é mais fácil apenas conseguir pessoas excelentes e fazer com que elas fiquem? Esse é um dos superpoderes de uma cultura forte.

A maioria dos funcionários que deixam suas organizações o faz nos primeiros noventa dias. Quando somos recém-chegados, é mais fácil irmos embora. Ainda não estabelecemos relacionamentos com colegas e estamos passando muito estresse aprendendo o trabalho – descobrindo como se guiar pelas regras da empresa, como ir e voltar do trabalho etc. Este é o momento em que os funcionários estão mais vulneráveis e com tendência a ir embora. É a época mais importante para que a empresa ofereça apoio extra, cuide e guie. Certifique-se de que os novos funcionários estejam confortáveis e garanta a eles que fizeram a escolha certa ao se juntar à empresa. Nunca temos uma segunda chance de causar uma boa primeira impressão.

Com a experiência, descobri uma ferramenta efetiva para um plano de retenção de trinta/sessenta/noventa dias. A cada contratação, designe um gerente para ficar de olho no novo funcionário, fale com ele a cada semana e faça uma reunião ao final da primeira semana, dos primeiros trinta dias, dos primeiros sessenta dias e dos primeiros noventa dias.

Coloque um funcionário "simpático" para responder às dúvidas do novo contratado, mostrar-lhe as regras e oferecer apoio moral (você pode até oferecer alguma motivação para esses mentores e gratificá-los se os novatos ficarem depois dos noventa dias).

Para complementar, crie um questionário compatível para cada novo contratado, concentrado em questões apropriadas, respectivamente, para a primeira semana e depois para os trinta, sessenta e noventa dias. Depois da primeira semana, você pode querer se concentrar em aprender mais sobre a nova pessoa da equipe e conhecer melhor sua formação, suas experiências e sua motivação para se juntar à empresa. Essa também é uma ótima oportunidade para o líder contar ao recém-contratado sobre sua própria formação e lhe dar alguma dica que possa ajudar no novo emprego. É o começo da formação de um relacionamento, e deve deixar mais difícil querem se demitir do trabalho!

Exemplos de perguntas para a conversa de trinta dias

- *Você já descobriu quanto tempo em média leva para chegar ao trabalho?* (Também pode incluir deixar as crianças na escola e outras questões logísticas.)
- *Até agora, o trabalho corresponde ao que você esperava? Você está se sentindo desafiado pelo cargo? Existem algumas áreas específicas em que sente que está se saindo bem ou talvez precise de mais treinamento?*
- *Você sente que tem as informações, as ferramentas e os recursos de que precisa para fazer bem o seu trabalho? Você está se sentindo acolhido pelo pessoal de outras unidades?*

- *Está passando por algum desafio específico em que eu possa ajudá-lo?*
- *Está se sentindo confortável na empresa em geral? Você sente que tem um bom entendimento de seu papel na organização?*
- *Sente que é capaz de ser produtivo e efetivo em seu cargo? Pode discorrer sobre por que acha que sim ou por que acha que não?*
- *Se pudesse voltar trinta dias, você faria alguma coisa diferente? Existe algo que ache que nós deveríamos fazer de outro modo?*
- *Você sente que está tendo feedback e apoio suficiente de seus líderes?*

Exemplos de perguntas para a conversa de sessenta e noventa dias

- *Cite áreas/tarefas/projetos de que você está mais gostando em seu novo cargo. Há novas habilidades que você sente que desenvolveu ou que fortaleceu? Há habilidades que gostaria de ter a oportunidade de desenvolver mais nas próximas semanas ou nos próximos meses?*
- *Quais são alguns dos elementos em seu novo cargo de que você não está gostando tanto? Isso se deve a você não ter recebido as ferramentas ou o treinamento correto para conseguir fazê-lo ou acontece porque simplesmente não tem tanta preferência por esse tipo de trabalho em geral?*
- *Como anda sua integração? Existem áreas em que acha que deveria ter mais treinamento ou apoio? Até agora, que partes do processo de integração foram mais efetivos/benéficos?*

Essas perguntas simples não só vão ajudar a aliviar alguns obstáculos de seu novo contratado como também lhe fornecerão dados valiosos do ponto de vista de alguém que não tem um olhar viciado em sua empresa. Mais uma vez, a vantagem é facilmente quantificada em economia de rotatividade e retenção de funcionários.

ACELERE
SEUS RESULTADOS

Para recrutar e manter talentos de forma efetiva:

- Certifique-se de que você sabe claramente quais habilidades são pré-requisitos.
- Na entrevista, faça perguntas que irão destacar a habilidade, a paixão e a atitude do candidato.
- Avalie inclinações inconscientes. Se você tem uma equipe que nunca o surpreende com perguntas, opiniões ou insights, você não tem uma equipe suficientemente diversificada. Observe sua empresa e avalie as pessoas que o cercam.
- Preste bastante atenção às novas contratações e mantenha procedimentos adequados para monitorar e engajar funcionários em alto nível em seus primeiros noventa dias. É nesse período que estão mais vulneráveis e mais propensos a ir embora.

Capítulo 6

Relacionamentos

Nunca fui um grande "fã de carros". Dirigi um Saturn por onze anos, e ele me levava a meu emprego na Disney e a qualquer outro lugar aonde precisasse ir. Por muitos anos, minha esposa, Valerie, teve uma minivan Toyota Sienna e levou as crianças a vários treinos esportivos, jogos e eventos escolares. Era um ótimo carro, que dava conta do desgaste. Um dia, Valerie me avisou que seu próximo carro seria bem bacana. Ela tinha sido a mãe do futebol por anos e agora estava pronta para voltar a ser a mãe descolada. Assim que nosso filho mais velho, Jullian, foi para a faculdade, Valerie começou a procurar uma SUV de luxo, e nossa primeira parada foi em uma concessionária Audi.

Quando chegamos ao local, explicamos ao vendedor que o carro era para minha esposa, e que eu só estava lá para acompanhar e apoiar. Ele então começou a falar do carro, de seus atributos mecânicos e tudo o que tinha a oferecer. Quando chegou a hora de fazer o test-drive, ele entregou as chaves para mim. Quis dizer a ele que não havia dúvida de que ele tinha perdido a venda. Mesmo tendo avisado que era para falar com minha esposa, ele não me deu ouvidos. Entreguei as chaves para Valerie fazer o test-drive. Para piorar as coisas, ele exclamou: "Você não vai nem fazer o test-drive?". Educadamente agradecemos o tempo que ele dispôs para nos atender e fomos embora. Valerie então comentou que ele poderia ter nos dado o carro de presente e ela não teria aceitado. Ela se sentiu desrespeitada porque ele a ignorara totalmente durante o processo de venda, mesmo sabendo que o carro era para *ela*!

Então, fomos para a BMW, onde realmente se gasta dinheiro num piscar de olhos! Conhecemos Hugh. Como tínhamos feito na concessionária da Audi, dissemos a Hugh que o carro era para Valerie. Ele nos ouviu alta e claramente, e o processo de venda começou. Hugh se concentrou em Valerie e conversou animadamente com ela para obter informações sobre como e quando ela usaria o carro, o que era importante para ela (a saber, segurança, recursos tecnológicos intuitivos e fácil manutenção) e do que precisava em um carro. Hugh mal olhou para mim durante o atendimento e, duas horas depois, saímos da concessionária com uma BMW nova.

Voltamos para casa e, mais tarde, naquele dia, nos surpreendemos com uma ligação de Hugh. Ele perguntou a Valerie se ela tinha dado uma volta com o carro e se tinha alguma pergunta. Na verdade, Valerie estava tendo dificuldades para sincronizar o controle de abertura da porta da garagem. Hugh imediatamente se ofereceu para ajudar e apareceu na nossa porta vinte minutos depois. Ele configurou o recurso de abertura da porta da garagem, conversou um pouco e nos deu seu número de celular pessoal para o caso de mais dúvidas. No ano seguinte, Hugh deu um pulo em nossa casa para levar a BMW para a manutenção e emprestou seu próprio carro para Valerie usar naquele dia. Ora, isso é que é serviço! Por mais legais que Valerie e eu sejamos, nunca imaginamos que um vendedor de carros tivesse qualquer interesse em dar continuidade ao relacionamento depois que a venda estivesse concluída. Ao continuar a interagir com Hugh, vimos que não havia compromisso, apenas cuidado genuíno da parte de alguém que entendia o poder dos relacionamentos.

Desde aquela época, já recomendei a BMW para pelo menos dez pessoas e muitas delas compraram carros com Hugh. É claro, você pode questionar suas motivações. Hugh está estabelecendo relacionamentos com pessoas com o único propósito de vender mais carros? É claro que sim! Ele está associando seu talento de estabelecer relacionamentos com seu negócio, que é vender. Mas não estamos todos vendendo alguma coisa todos os dias? Mesmo se não estivermos tentando vender "produtos" ou que não tenhamos a palavra "vendas" associada ao nosso cargo, vou argumentar que estamos, sem dúvida, vendendo – vendendo nossas opiniões, vendendo nossas ideias, influenciando outras pessoas a verem as coisas como nós ou tentando fazer com que outras pessoas façam o que é preciso fazer.

Não estou dizendo que todos tenhamos que ter relacionamentos por interesse o tempo todo para conseguir o que desejamos. Mas, se você está envolvido em um relacionamento e continua a estabelecer conexão, cria um ambiente propício para a confiança. Isso vale para relacionamentos pessoais e profissionais. Demonstrar interesse genuíno pelas pessoas, reservar tempo para conhecê-las e prestar atenção a seus interesses, necessidades, desafios e aspirações estimula uma cultura em que os indivíduos sentem que importam. E, quando as pessoas sentem que importam, elas são inspiradas a ajudá-lo ou a trabalhar mais duro e melhor para você. Com melhores relacionamentos, mal-entendidos de comunicação diminuem e a confiança aumenta. Tudo fica mais fácil.

RELACIONAMENTOS SÃO VIAS DE MÃO DUPLA

Imagine que você está observando uma via de mão dupla.

Na mão que se afasta, você como indivíduo deve estar disposto a mostrar exatamente quem você é. Ao se expor e ter interações genuínas, sua equipe pode ver sua verdadeira natureza em suas forças e falhas. Sua vida fica mais fácil, já que não tem de fingir ser algo que não é. A equipe fica mais confortável porque não tem que prever suas ações ou ler as entrelinhas sempre que você diz alguma coisa. Eu sei que alguns líderes podem se esquivar disso – *porque têm medo de serem descobertos*. Eles querem projetar uma certa imagem que não conseguem sustentar, então preferem se esconder atrás de uma persona de mentira ou manter distância. Se existe transparência total, não há onde se esconder! Confie em mim, não há vantagem em esconder as cartas. Mais cedo ou mais tarde você será descoberto, e então sua credibilidade será arruinada. Por isso é melhor ser genuíno e honesto consigo mesmo e com sua equipe.

> Quando você está envolvido em um relacionamento e continua a estabelecer conexão, cria um ambiente propício para a confiança.

Na mão que vem em sua direção, você receberá informações valiosas que tornarão seus relacionamentos profissionais muito mais fáceis de lidar. Você vai aprender sobre seus reinos. Primeiro, rapidamente avaliará o nível de sinceridade que escolhem adotar. Algumas pessoas se lançarão 100% imediatamente. Outras podem esconder um pouco o jogo: talvez não confiem em você como indivíduo, ou não confiem em sua posição. Algumas pessoas tiveram experiências ruins com seus líderes no passado e podem ter decidido adotar uma abordagem cautelosa. Dependendo do quanto estiver disposto a investir no relacionamento, isso pode mudar com o tempo, e você pode conquistar esses funcionários. Pode acontecer de você encontrar um "homem do sim", que apenas balança a cabeça. Nesse caso, você terá que ensiná-lo a ser honesto. Às vezes eu instava uma pessoa desse tipo, dizendo: "Obrigado por ter concordado comigo, mas por favor me diga por que estou errado", ou, melhor ainda, "Obrigado por ser tão positivo, mas, agora, por favor me diga por que minha ideia não presta". Dê a ele oportunidades de mostrar sua verdadeira natureza. À medida que conheço melhor as pessoas, tenho mais indicações de como elas funcionam, o que as deixa acordadas à noite, o que esperam realizar e que obstáculos precisam superar. Na Disney, eu também podia calibrar o nível de empatia ou reconhecimento que exigiam. São informações muito pertinentes para estabelecer um ótimo relacionamento profissional.

> Da próxima vez que propuser uma ideia e as pessoas lhe disserem que é ótima, responda dizendo: "Obrigado por seu feedback positivo – agora me diga por que minha ideia é uma porcaria!".

RELACIONAMENTOS PESSOAIS NÃO O
ISENTAM DE SUAS RESPONSABILIDADES

Em 2009, como resultado da recessão econômica e da frequência minguante de visitantes, o Walt Disney World passou por uma série de demissões no alto escalão. Foram cortes feitos sem relação com desempenho em vários cargos do parque, e provieram de uma lista originada no RH. Sendo o vice-presidente do Epcot na época, recebi a temida lista para a minha operação. O gerente do departamento, o diretor de RH do Epcot e eu teríamos que formalizar as demissões, então dividimos a lista de nomes entre nós três. Como quis o destino, imediatamente reconheci o nome de uma amiga querida da família que trabalhava no Epcot. Valerie e eu a conhecíamos havia anos e até tínhamos ido a seu casamento em Paris. Não havia dúvida, para mim, de que deveria ser eu a lhe dar a notícia. Por mais difícil que fosse, senti que ela encontraria conforto em descobrir seu destino por meio de alguém que ela conhecia bem. Tínhamos respeito mútuo, e eu me certifiquei de que ela soubesse que não era pessoal ou um reflexo de suas habilidades. Não conseguia imaginar tentar me esquivar da responsabilidade como amigo e líder.

Nesse caso, eu estava lidando com alguém que tinha sido uma amiga *antes* de trabalhar comigo, mas essa experiência incomum e difícil me ensinou uma lição valiosa. Ao estabelecer relacionamentos com sua equipe, não perca de vista o fato de que um dia você pode ter de tomar decisões que terão impacto negativo sobre ela. Você está em uma posição de autoridade e pode ter de lidar com situações delicadas. Seu processo de tomada de decisão não pode ser obscurecido por considerações imparciais. Como líder, há um limite sutil para os relacionamentos que você pode estabelecer com subordinados diretos. Você não quer se encurralar em uma posição na qual proteger um relacionamento entre em conflito com sua responsabilidade profissional.

COMO ESTABELECER RELACIONAMENTOS
COM SEUS SUBORDINADOS DIRETOS

Embora eu gostasse de interagir com a maior parte dos 12 mil membros do *cast* do Magic Kingdom tanto quanto eu podia, também me dei conta de que precisava passar muito mais tempo com meus subordinados diretos. Em cada empresa, nossos subordinados diretos são uma extensão de nossa habilidade de fazer o trabalho, criar a cultura certa para nossas organizações e transmitir nossos valores e prioridades para as equipes. Nossos subordinados diretos devem ser empoderados com a autoridade de tocar o negócio – portanto, um líder é tão bom quanto seus subordinados diretos.

Quando me juntava a uma nova equipe, eu me certificava de almoçar com cada um de meus subordinados diretos. Reservávamos algumas horas para conversar sem uma agenda específica. O objetivo do almoço era falar o menos possível sobre questões recorrentes do trabalho. Eu queria saber mais de suas histórias pessoais: onde cresceram; que trabalhos e experiências tiveram ao longo de suas carreiras; e suas famílias, paixões e objetivos pessoais. Em geral, muitos líderes sabem surpreendentemente pouco sobre suas equipes, mesmo interagindo com elas grande parte do dia.

Esses almoços me davam outro nível de entendimento sobre meus subordinados diretos e aquilo que eles valorizavam. Eu anotava a idade de seus filhos, se suas esposas ou maridos trabalhavam fora e o que faziam em seu tempo livre. Isso me dava a habilidade de, mais tarde, fazer perguntas relevantes sobre a vida deles e me conectar de modo mais autêntico e efetivo.

Do mesmo modo, eu sempre começava minhas reuniões de pessoal dando a todos a oportunidade de contar uma história sobre algo excepcional que tivesse acontecido recentemente em sua vida pessoal ou profissional. Essas histórias eram divertidas, perspicazes e ajudavam a equipe e os membros da equipe a continuarem conectados.

Eu também enviava uma planilha para os membros da minha equipe perguntando, entre outras coisas, quais eram suas músicas, seus filmes e suas comidas favoritas. Essa era outra fonte para entendê-los em nível pessoal e que permitia que eu os tratasse como indivíduos e fizesse com que se sentissem especiais. Estabelecer esse tipo de relação, eu acreditava, também tinha um efeito dominó: os membros de minha equipe tratariam seus colegas – e no final das contas os visitantes – da mesma forma. Ser um modelo de comportamento pode ser poderoso!

Uma vez testemunhei um executivo confundir uma assistente administrativa com muito tempo de casa com uma recém-contratada e entregar a ela uma cesta de boas-vindas. Como isso pode ter acontecido? Como uma pessoa pode ter passado pela mesa da outra todo dia sem saber seu nome e muito menos reconhecer seu rosto? Como se pode esperar esforço e comprometimento de alguém que não é reconhecido? O modo como você se interage e se relaciona com as pessoas é crucial na hora de montar uma equipe. Os relacionamentos são o combustível que leva energia e comprometimento à organização. Nós vivemos em um mundo onde as pessoas almejam interação humana e sentido. Não investir em estabelecer relacionamentos é negá-los invariavelmente.

COMO ESTABELECER UM RELACIONAMENTO COM SEU CHEFE

Em 2005, eu era gerente-geral do All-Star Resort, o maior hotel na propriedade da Disney. O gerente de plantão me telefonava no meio da noite se alguma coisa incomum acontecesse. (Um hotel de 5.760 quartos tem muita atividade, travessura e traquinagem, mas isso fica para outro livro!)

Em uma noite em particular, fui informado de que um indivíduo embriagado tinha ido ao portão de segurança do All-Star. Ele tinha uma arma de fogo no banco do passageiro e estava procurando um membro do *cast* que trabalhava no hotel. O funcionário da segurança tinha chamado a polícia, e o homem fora detido sem maiores incidentes.

Eu passei a reunir o maior número de detalhes que podia. Quem era o homem na caminhonete? Que tipo de caminhonete era? O que ele tinha dito? Quem era o membro do *cast* do hotel que ele estava procurando? Logo liguei para meu chefe, Kevin, para colocá-lo a par da situação, e contei os detalhes. Eu sabia que ele gostava de detalhes e ia fornecê-los! Depois de fazer meu relato, respirei fundo, com um sentimento de orgulho, pois eu sabia que tinha oferecido todas as informações possíveis. Depois perguntei a Kevin se ele tinha alguma dúvida. Ele fez uma pausa, então perguntou: "Que tipo de arma era?". Suspiro.

Eu tive muitos líderes durante minha carreira na Disney. Todos eram diferentes, com vários níveis de expectativas, estilos e idiossincrasias. Como gerente-geral da Walt Disney, o primeiro chefe que tive, Karl, pensava e agia rapidamente. Nossas reuniões mensais duravam cerca de quinze minutos. Se eu conseguisse comunicar minhas necessidades de maneira clara e concisa em mais ou menos vinte palavras ou menos para cada tópico, sem muitos detalhes, ele estaria inclinado a concordar e a aprovar minha proposta na hora. Se houvesse um tom de dúvida nas minhas palavras, ele pedia mais detalhes. Karl tinha um grande senso de urgência e gostava de seguir como um raio – o tipo de pessoa para quem é muito divertido trabalhar, mas você precisar estar com sua história pronta e saber como vendê-la de modo sucinto.

Meu segundo chefe, Kevin, não poderia ter sido mais diferente. Ele era um mestre dos detalhes. Queria muitas especificações e saber como os projetos progrediam, de 5 em 5%. Ele explicou para seus gerentes-gerais que sua necessidade de saber os detalhes não devia ser encarada como falta de confiança ou centralização. Simplesmente se sentia mais confortável com os detalhes, e dormia melhor à noite quando estava a par de tudo. (Lembre-se: "Que tipo de arma era?".)

Eu tive que aprender a trabalhar de modo muito diferente com cada chefe. Alguns são bem rápidos em estabelecer regras básicas. Outros podem deixá-lo na dúvida. Se nenhuma informação aparecer, certifique-se de perguntar precisamente que nível de comunicação e que tipo de informação eles precisam. Com o tempo, você já será capaz de entender a personalidade deles, atender a suas expectativas individuais e se ajustar ao nível de urgência e de detalhes que eles exigem.

ACELERE
SEUS RESULTADOS

Como estabelecer relacionamentos com seus subordinados diretos:

- Reserve um tempo logo no início do relacionamento profissional para conhecer seus subordinados diretos pessoalmente – incluindo sua formação, histórico profissional, família e hobbies.
- No começo de sua interação, abra espaço para conversas pessoais para criar uma ligação.
- Seja recíproco com suas próprias informações. A autenticidade é uma ferramenta poderosa para se conectar com os outros.
- Identifique as preferências de seus subordinados diretos em termos de comunicação, feedback e elogios. Eles vão notar e valorizarão sua abordagem personalizada.

Como estabelecer um relacionamento com seu chefe:

- Alinhe as expectativas rapidamente. Faça perguntas para sondar a respeito de prazos, a quantidade de comunicação que preferem e o que consideram "urgente".
- Abranja itens importantes para o trabalho deles; ofereça ideias sobre seus projetos atuais e gabe-se humildemente sobre alguns de seus grandes feitos no trabalho que talvez eles não conheçam.
- Facilite as coisas para que seu chefe lhe dê feedback, reconhecendo as áreas em que você pode melhorar.

Capítulo 7

Estabelecer expectativas

Esta é uma história clássica. A mãe diz ao adolescente: "Querido, não volte muito tarde para casa!". O adolescente volta para casa à meia-noite e perde os privilégios de sair aos fins de semana porque deveria ter chegado até as 22h. O adolescente exclama: "Mãe, não é justo – meia-noite nem é tarde! Não acredito que você está me proibindo de usar o carro só por isso!".

Querida mãe, temo que você tenha acabado fazendo papel de boba. A falta de expectativas claras deixou margem para interpretação. "Muito tarde" é vago, então o adolescente traduziu a expectativa do jeito dele. Quando não determinamos os limites e as consequências previamente, criamos ambiguidade. E a ambiguidade abre as portas para interpretações equivocadas, o que gera confusão e frustração.

Ao longo dos anos, com frequência me ouvi dizer: "Você pode por favor me dar um retorno sobre esse assunto?", apenas para me frustrar ao ver que a informação não estava disponível no dia seguinte. Por não ter estabelecido um prazo preciso, não expressei nenhum grau de urgência e deixei minha equipe conjeturar.

Outras vezes, tive equipes que *esbanjavam* resultados. Em 2002, eu era o diretor-geral do Wilderness Lodge. Conversando com o *chef* do restaurante, mencionei casualmente como seria divertido se as crianças fizessem casas com massa de biscoito de gengibre para o feriado. Por volta de uma semana depois, a gerente de comidas e bebidas do hotel me perguntou por que ela não tinha sido informada a respeito da minha iniciativa da Casa de Biscoito de Gengibre.

Eu fiquei, a princípio, confuso, mas logo me dei conta de que aquilo que eu tinha considerado apenas um comentário superficial fora levado ao pé da letra. O *chef* tinha encomendado os ingredientes e organizado a agenda para colocar o plano em ação, para surpresa de seu líder direto. Ele presumiu que meu "brainstorming" era uma ordem que ele precisava seguir imediatamente. Isso não podia estar mais longe da verdade. no entanto, mais uma vez, minha falta de clareza tinha deixado margem para interpretação.

Podemos corrigir facilmente esse tipo de confusão. Não deixe as pessoas supondo. Seja específico com prazos e estabeleça parâmetros e objetivos claros – sobretudo quando você acaba de chegar a uma nova empresa.

PRÁTICAS E PRIORIDADES DE GESTÃO

Começar em um novo trabalho ou mudar de cargo na mesma empresa em geral envolve um período de tentativa e erro. Um membro da equipe faz alguma coisa desalinhada com as ideias do líder ou interpreta os sinais erroneamente. Faz-se uma correção, a equipe se ajusta e segue em frente. Mas, como resultado, a confiança e o acordo demoram mais tempo para serem estabelecidos, e, enquanto isso, a produtividade sofre durante esse período de incerteza.

Meu objetivo desde o primeiro dia era evitar esses contratempos e acelerar a curva de aprendizado. Eu precisava compartilhar a maneira como processava as informações, como eu esperava que a comunicação fluísse e, de modo mais geral, qual era a melhor maneira de trabalhar comigo. Identifiquei uma oportunidade de acelerar a curva de aprendizado declarando formal e precisamente o que eu tinha em mente; e não fazer minha equipe supor se eu funcionava ou não como seu líder anterior.

Eu descobri um modo infalível de criar tal clareza.

Só espere...

Eu *escrevi* minhas expectativas e entreguei-as para minha equipe. Imagine só! Chamei o documento de "Práticas e Prioridades de Gestão do Dan". (Veja o documento completo em DanCockerell.com/expectations [em inglês].)

Trata-se de um documento vivo que evoluiu ao longo das décadas. Sempre que eu começava em um novo trabalho, afinava minhas expectativas com base em meus aprendizados e conhecimentos recém-adquiridos no trabalho anterior. Suas expectativas serão diferentes de acordo com seu estilo de liderança e a cultura de sua empresa. Mas um documento parecido vai lhe dar uma boa base.

Agora, só porque eu registrei tudo e entreguei para minha equipe não significava que tínhamos instituído confiança, nem que o futuro seria todo arco-íris e pôneis! Isso só viria com o tempo e a experiência juntos. Esse tipo de documento, no entanto, é uma ferramenta efetiva para tirar muitas suposições dos primeiros seis a doze meses com uma nova equipe. Ele ajuda a criar um caminho mais rápido para a confiança e a produtividade.

Aqui estão alguns temas essenciais desse documento.

Sobre a liderança Qual é a sua filosofia de liderança? O que você quer que seus subordinados diretos saibam sobre o que valoriza como líder? No meu caso, eu discuto os quatro pilares que balizam meu estilo de liderança:

- A importância de alavancar o talento de todos.
- Construir relacionamentos sólidos.
- Estabelecer expectativas claras.
- Recompensa/reconhecimento.

Sobre a comunicação O que você considera uma ótima comunicação? Como você prefere ser informado e com que frequência? Que nível de detalhes você prefere? Quais serão a frequência e a estrutura de suas reuniões com todo o time e das reuniões individuais com cada membro da equipe? Como devem esperar que você se comunique com eles?

Sobre a resolução de problemas Defina o nível de autonomia, a liberdade e o apoio que você oferecerá à equipe para a resolução de problemas. Você espera que eles o procurem apenas quando tiverem esgotado todas as alternativas? Gostaria de que eles lançassem mão de você como um parceiro de ideias? Quanto você quer que eles se arrisquem ao desempenhar seus papéis? Quais são os critérios que gostaria de que eles usassem ao tomar decisões?

Sobre o desenvolvimento Que papel você terá que desempenhar no desenvolvimento contínuo de seus subordinados diretos? Você vai apresentar um plano para eles? Vai responsabilizá-los por identificar as áreas de oportunidade e trabalhar com você para desenvolver um plano? Quanto tempo, recursos e dinheiro você está disposto a investir no desenvolvimento deles? É importante definir essa área. Um líder motivado e com desempenho elevado tem um forte interesse no desenvolvimento dos membros de sua equipe.

Sobre o desempenho Qual padrão você vai estabelecer para sua equipe? Se estabelecê-lo baixo demais, não vai aproveitar ao máximo seu valor. Alto demais, e eles podem encarar sua visão como inalcançável. Almeje a zona de Cachinhos Dourados – a exata. Quanto você valoriza seus relacionamentos *versus* resultados? Quais são os sistemas mais importantes que irá usar para medir a performance de cada um? Você usará o feedback da equipe sobre eles em sua avaliação?

Na parte de expectativas de desempenho de seu documento deve também haver uma seção sobre equilíbrio e de que maneira você encara a questão. Há uma quantidade de horas mínima que você espera que sua equipe trabalhe toda semana? Você espera que sua equipe esteja disponível sete dias por semana? Depois do expediente? Durante as férias? Você espera que eles elejam um dos membros da equipe para representá-los quando não estiverem disponíveis? (Essa era uma tática essencial na Disney, aberta 365 dias por ano.) Quando chegava a hora das avaliações de desempenho anuais, eu podia facilmente sacar minhas Práticas e Prioridades de Gestão. Responsabilizar as pessoas é muito mais fácil quando você já tiver exposto suas expectativas claramente.

ENTENDER AS EXPECTATIVAS

Sou um grande defensor da liderança servidora. Isso significa que os líderes devem considerar que sua principal responsabilidade é apoiar os membros de sua equipe. Como mencionei antes, é como ser um técnico: você escolhe os membros da equipe; você os treina; você lhes oferece ferramentas, práticas e estratégias; você os apoia e os incentiva – e eles estão prontos para fazer o trabalho.

Para ser eficaz e lhes dar o apoio de que precisam, é importante começar a fazer perguntas.

Um jeito muito eficaz de conseguir as respostas certas para essas perguntas é uma sessão de "Começar, Parar, Continuar". No Walt Disney World, os principais líderes fazem esse exercício uma ou duas vezes por ano.

É assim que funciona:

Saia com sua equipe uma manhã ou uma tarde, reúna todo mundo em um ambiente casual, longe de seu local comum de trabalho. Deixe-os saber que você está comprometido com o sucesso deles, e já que está ali para ajudá-los, precisa saber o que eles esperam de seu líder. Explique que há coisas que você faz bem e coisas que precisa aprimorar, e que o feedback deles é muito bem-vindo.

Monte três tripés. Diga ao time que vai ficar fora por uma hora e meia para que o grupo discuta o que acha que deve entrar em cada rubrica: começar a fazer, parar de fazer e continuar a fazer. Eles também devem priorizar cada lista. Você pode recorrer à ajuda de um moderador neutro para engajar a equipe e facilitar as contribuições enquanto você estiver fora. (Essa pessoa pode ser alguém do RH ou que não tenha interesse no jogo.) Antes de você voltar, a equipe pode nomear um ou dois porta-vozes.

Ouça o feedback atentamente.

Depois de ouvir o feedback, faça perguntas para se certificar de que entendeu a intenção e o contexto das ideias do grupo. Isso é importante, já que você deverá criar um plano de ação e compartilhar com eles. Separe suas ideias e anotações da reunião e, dentro de uma semana, mande suas observações para a equipe ou repasse com eles os passos que você dará.

Há duas frentes vantajosas nesse exercício. Primeiro, é mais provável que você receba um feedback honesto do grupo, já que há força e segurança nos números. Ninguém tem que se colocar em risco – o feedback é apresentado em nome do grupo.

Ele também manda uma mensagem forte de que você valoriza o aprimoramento contínuo e que está disposto a ficar vulnerável o suficiente para abrir espaço para uma conversa sobre seu próprio desempenho. Isso é muito difícil e é sempre um pouco desconfortável quando você ouve parte do feedback. No entanto, o impacto pode ser espetacular.

É importante lembrar que esse é um processo de duas vias, e, se você tiver argumentos a respeito de por que faz o que faz, ou se houver certas coisas que você não irá mudar, certifique-se de explicar a razão. Às vezes apenas discutir uma questão já será o suficiente.

Por último, antes de empreender esse processo, assegure-se de que está disposto a elaborar um plano de ação e segui-lo. Comprometa-se com menos do que acha que deveria e certifique-se de fazer todas as mudanças requisitadas. É melhor nunca fazer a reunião do que perder a credibilidade por não seguir o compromisso.

LIDERANÇA SILENCIOSA – O PODER DO MODELO

Enquanto eu preparava os diferentes tópicos para este livro, deixei de lado a questão do modelo. Foi uma escolha deliberada, já que eu sentia que ele já estava presente em muito do conteúdo. Além disso, o modelo está enraizado em nosso DNA. É assim que adquirimos a maioria de nossas habilidades básicas, e deveria, portanto, ser a coisa mais fácil de se lembrar e de colocar em prática. Pense a respeito por um segundo: basicamente aprendemos a ficar em pé, andar e falar tendo nossos pais como modelo. Adotamos valores, características e comportamentos seguindo modelos. Nós nos inspiramos, nos motivamos e nos empoderamos seguindo modelos. Aprendemos, evoluímos e melhoramos graças a nossos modelos.

Seguir modelos não é apenas essencial para criar a cultura certa para uma empresa, mas também é o modo mais fácil de criar comportamentos-padrão; comunicar o que é importante; e treinar e motivar pessoas. É o *elemento mais importante* para a liderança de excelência.

Então, pensando melhor, decidi compartilhar outra história que mostra o poder dos modelos e seu impacto.

Em 2014 eu era vice-presidente do Hollywood Studios da Disney e estávamos nos aproximando do fim do ano e de outra temporada movimentada de festas. O Studios sempre foi um destino procurado na época do Natal por causa do Festival das Luzes. Aquele ano em particular seria desafiador, já que a estrutura de vagas do estacionamento era insuficiente para o número de visitantes previstos. Para liberar algumas vagas para nossos visitantes, decidi pedir aos membros do *cast* do Studios para que estacionassem em um lugar remoto (o Wide World of Sports da ESPN) e organizamos um serviço de transporte para fazer o translado entre o local do estacionamento e o trabalho. Isso acrescentava trinta minutos ao deslocamento diário – é desnecessário dizer que muitos membros do *cast* ficaram descontentes com a decisão.

Assim que fizemos o anúncio, vários membros do *cast* juntaram coragem para me telefonar diretamente e protestar contra minhas providências. Eu os deixava desabafar por uns bons cinco minutos, agradecia por terem ligado e dizia a eles que entendia exatamente como isso os impactava, já que todos nós estávamos no mesmo barco. Quando decidi solicitar que o *cast* estacionasse seus carros em um local distante, insisti que toda a equipe de liderança, incluindo eu, deveria seguir as mesmas exigências. Embora meu escritório estivesse na área dos bastidores, onde tínhamos cerca de vinte vagas reservadas, todos os líderes fizeram questão de tomar o ônibus com os membros do *cast* da linha de frente para demonstrar solidariedade.

Era um aborrecimento para todos nós, e poderíamos facilmente ter aberto uma exceção para os executivos, mas eu sabia que esse era exatamente o tipo de cenário que ajudaria nossa reputação ou acabaria com ela. Se, como líder, vou pedir à minha equipe que faça um esforço extra, devo dar o exemplo e estar junto dela. E, deixe-me dizer, as pessoas o observam – *o tempo todo*. Elas escutam e, mais importante, observam o que você faz e como se comporta. Com base nessas observações, elas determinam o que é importante para você e seguem seu comportamento, bom ou mau. Se você conversa com elas sobre segurança e dirige como um maníaco, claramente a segurança não é importante para você e, portanto, não é importante para elas. Se você fala sobre ser sincero e seus filhos o pegam mentindo, pode apostar que, em algum momento, eles também mentirão. O modelo é tão importante para a liderança quanto para criar os filhos.

Então, ao criar expectativas para sua equipe, lembre-se de que nada será mais importante que seus próprios comportamentos. Eles contam a história do que é importante para você, sobre o quanto se importa com sua equipe e se você é fiel à sua palavra.

ACELERE
SEUS RESULTADOS

Aqui estão alguns insights essenciais sobre expectativas:

- Crie seu próprio documento de expectativas para compartilhar com seus subordinados diretos. Separe um caderno para afinar esse documento ao longo do tempo. (Você pode conferir algumas ideias de minhas Práticas e Prioridades de Gestão em DanCockerell.com/Resources [em inglês].)

Nesse documento, descreva sua filosofia sobre temas essenciais, como:

- Liderança
- Comunicação
- Resolução de problemas
- Desenvolvimento
- Desempenho

Faça uma sessão de Começar, Parar, Continuar. Siga com um plano de ação.

Sempre seja um modelo de suas expectativas.

Capítulo 8

Recompensa e reconhecimento

Na gaveta da minha mesa na Disney eu costumava guardar o que chamava da pasta "Você foi bem!". Quando cometia um erro, tomava uma má decisão ou simplesmente tinha um dia difícil, eu sacava essa pasta. Estava repleta de bilhetes de agradecimento, parabéns do meu chefe, cartas de membros do *cast* e visitantes me contando sobre algo mágico que eu tinha feito por eles e muito mais. A pasta "Você foi bem!" era minha terapia para passar por momentos desafiadores quando começava a me questionar. Não posso falar em nome de todos os executivos, mas acredite quando digo que a maioria deles passa por momentos de insegurança e ansiedade assim como todo mundo. Esses pequenos pedaços de papel me reerguiam.

Da mesma forma, conheci muitos membros do *cast* que ainda guardavam alguns dos cartões ou bilhetes que eu tinha escrito para eles anos antes. Essas lembranças tinham sido palavras de reconhecimento por um projeto bem-feito, um incentivo a esforços contínuos ou um agradecimento pela boa conduta de forma consistente. Alguns os mantinham em suas mesas e outros, na carteira; um membro do *cast* tinha até um dos meus bilhetes emoldurado em sua sala de estar. Quem diria que esses pedacinhos de papel tinham tanto valor? Napoleão Bonaparte disse uma vez: "Um soldado lutará muito e duro por um pouco de fita colorida". Eu concordo com isso!

O PODER DA RECOMPENSA E DO RECONHECIMENTO

Conhecer o poder da recompensa e do reconhecimento (e seu efeito sobre mim) me inspirou a implementar as ferramentas e os processos certos para garantir que bastante reconhecimento ocorresse em cada uma das minhas organizações.

Nas palestras, costumo perguntar ao público por que acha que devemos reconhecer e recompensar o desempenho. Ouço muitas respostas absolutamente razoáveis: motivar as pessoas, fazê-las se sentirem bem, fazer com que saibam que são apreciadas. Todos esses são, sem dúvida, efeitos, mas gosto de pensar no reconhecimento como uma ferramenta de liderança para reforçar comportamentos individuais (o que cria cultura) e motivar as equipes a serem mais produtivas para a empresa como um todo.

Por exemplo, se eu visse um funcionário repetidamente se deslocando para cumprimentar cada cliente que entra em um local de varejo, seria bastante razoável e necessário dizer a esse funcionário que tinha percebido que estava cumprimentando cada visitante e que valorizava seu comportamento. Depois de ter feito isso, seria razoável acreditar que o funcionário continuaria com esse comportamento. Se eu quisesse que os membros do *cast* estivessem em segurança, precisava buscar esforços evidentes para criar um ambiente seguro. Se eu quisesse que os membros do *cast* fossem corteses, meus comentários deveriam se concentrar em comportamentos específicos quando o membro da equipe estivesse sendo particularmente prestativo e respeitoso, criando momentos mágicos e indo além... acho que você entendeu a ideia.

Na Disney, eu revisava as cartas dos visitantes, e-mails e postagens em redes sociais, e insistia que qualquer carta de elogio que identificasse um membro específico do *cast* deveria ser encaminhada para ele com um bilhete de agradecimento meu escrito de próprio punho. Parecia apropriado fazer com que soubessem e que demonstrassem alguma apreciação. Os funcionários importam e precisam saber que importam. Em meus últimos anos na Disney, e no Magic Kingdom em particular, minha assistente, Kathleen, me ajudava digitando os bilhetes para eu assinar. O volume de cartas de elogios era grande demais para que eu desse conta sozinho. Esse foi um dos "problemas" favoritos que enfrentei!

TIPOS DE RECONHECIMENTO

Na Disney, também aprendi a pensar em reconhecimento espontâneo *versus* reconhecimento orientado por programas. Acredito que há um lugar para programas como o funcionário do mês, reconhecimento por desempenho ou assiduidade. No entanto, precisamos nos certificar de que os critérios sejam extremamente claros e compreendidos por todos na empresa. Também descobri, ao longo dos anos, que os programas de "premiação" que envolviam reconhecimento de pares tinham mais peso em nossa equipe, já que reconheciam, é claro, os comportamentos apropriados.

A coisa mais importante que aprendi é que todo programa de reconhecimento tem prazo de validade. Às vezes, semanas; às vezes, meses. É perfeitamente aceitável mudar os programas, desde que você se concentre em reforçar os comportamentos que espera de suas equipes. Não os deixe ficar ultrapassados, ou os programas perdem toda a credibilidade.

O reconhecimento espontâneo, por outro lado, cria um elemento-surpresa que pode melhorar a motivação e tornar a presença no trabalho mais divertida para o beneficiário e o colaborador. Ele tem que ocorrer na hora e, obviamente, implica que você testemunhe o comportamento. Às vezes basta um simples "obrigado", seja verbalmente ou via mensagem ou e-mail. Quanto mais imediato, mais eficaz será.

É preciso disciplina para adquirir o hábito de demonstrar apreço, porque somos pegos na hora, e questões urgentes costumam colocar o reconhecimento no segundo plano. Você vê os comportamentos; você testemunha os comportamentos; você pretende reconhecer o funcionário, mas nunca chega a fazê-lo. Antes que perceba, o tempo passou, e tudo ficou para trás e foi esquecido.

Minha esposa sempre me dizia como era difícil para ela se lembrar de oferecer o reconhecimento. Pode ter sido uma diferença cultural (falarei mais sobre isso), já que os franceses não são "líderes de torcida inatos", mas ela desenvolveu um sistema. Não sei ao certo onde Valerie ouviu ou leu a respeito, mas acontecia deste modo: ela colocava cinco moedas no bolso direito todas as manhãs. A ideia era que, quando as moedas tilintassem, fosse um lembrete para ela procurar ótimos membros da equipe, pares ou parceiros, e os reconhecesse e lhes agradecesse na hora. Toda vez que Valerie fazia isso, passava uma moeda para o bolso esquerdo. A ideia era passar todas as cinco moedas para o bolso esquerdo até o fim do dia, garantindo, desse modo, que tinha agradecido e incentivado pelo menos cinco pessoas naquele dia. Nas primeiras semanas foi difícil, e ela costumava voltar para casa com seu estoque de moedas ainda no bolso direito, mas, com o tempo, Valerie foi se tornando mais aplicada e expansiva quanto ao reconhecimento. *Et voilà*!

Essa é uma área em que podemos ser tão criativos quanto desejarmos, seja elaborando nosso próprio sistema (como Valerie fez) ou tornando o momento de reconhecimento divertido e criativo. Rachel, gerente-geral de entretenimento do Magic Kingdom, levava os membros do *cast* que queria elogiar para suas reuniões semanais da equipe. Ela lia uma carta sobre alguma coisa ótima que o membro do *cast* tinha feito e sua equipe finalizava com uma salva de palmas de pé. Em seu departamento de Merchandise, Deb fazia pequenos pacotes com balas. Ela caminhava pelo parque e recompensava grandes momentos de atendimento ao cliente na hora. Eu, de minha parte, fazia alguns pães de banana e os distribuía aleatoriamente para algumas pessoas com bom desempenho que encontrava durante o meu dia. Ficou conhecido como Pão de Danana, e surpreendi muitos membros do *cast* ao longo dos anos. Não estou insinuando que você deva começar a distribuir bolos, mas um simples gesto ajuda bastante. Além disso, gosto de pensar que é bom para o carma. Nada de ruim pode acontecer a você quando começa o dia distribuindo pão caseiro!

Mais uma observação: como foi mencionado antes, acredito que devemos abordar a vida de modo holístico. Não temos uma vida pessoal e uma vida profissional – temos uma única vida. Isso vale para os membros da nossa equipe também. Quando as coisas ficavam difíceis e a equipe tinha que trabalhar muitas horas a mais, eu estava bastante ciente de que esse era um tempo de que estavam sendo privados de suas famílias. Portanto, sempre fiz questão de reconhecer seus cônjuges ou filhos, que eram os mais afetados por essa ausência. Após a temporada movimentada do Natal, eu mandava vales-jantar para os cônjuges e parceiros dos membros da equipe e agradecia por compartilharem o cônjuge/companheiro com nossa empresa. Essa era uma maneira simples de devolver a eles algum tempo de qualidade juntos.

O MESMO RECONHECIMENTO NÃO SERVE PARA TODOS

Enquanto trabalhava com a equipe de inauguração da Disneyland Paris, dei início a um programa de "assiduidade perfeita" para a equipe de operação de estacionamento. Os membros do *cast* que não faltassem ao trabalho sem justificativas teriam seus nomes publicados em uma lista na sala de descanso por "duas semanas de assiduidade perfeita", "um mês de assiduidade perfeita" e assim por diante.

Quando alcançamos alguns meses do programa, só tinha sobrado um único membro do *cast* com assiduidade perfeita. Ele me chamou de lado um dia e explicou que agradecia pelo reconhecimento, mas que os outros membros do *cast* estavam pegando bastante no pé dele por "ser melhor do que eles". Ele me disse que, se eu não suspendesse a lista, ele teria que faltar ao trabalho para que seu nome saísse da lista. Interrompi o programa de assiduidade perfeita no mesmo momento. Que aprendizado interessante sobre diferenças culturais! Esse programa funcionou perfeitamente no Walt Disney World. Eu aprendi que, em geral, os franceses preferem ser reconhecidos de maneira particular, e é por isso que aquele membro do *cast* se sentiu desconfortável.

Nos Estados Unidos a história é outra, pelo menos de acordo com a minha experiência. Quando for oferecer reconhecimento a um funcionário norte-americano, certifique-se de ter balões, algum tipo de sinal e, se possível, de convidar os amigos e a família dele. Vai haver discursos, os colegas vão participar e vão ser muitos os tapinhas nas costas. Posso estar exagerando um pouco, mas há muita verdade nessas diferenças culturais. E, a propósito, é exatamente isso o que são: diferenças. Nem melhor, nem pior, apenas diferente.

Para não passar dos limites, pergunte aos membros de sua equipe como eles gostam de receber reconhecimento. Alguns dirão que em particular e outros dirão que em público. Alguns dirão que a paz de espírito é o reconhecimento de que precisam, e que informá-los com regularidade se estão fazendo um bom trabalho é suficiente. Mas outros lhe dirão que falar não vale nada e que querem que você coloque dinheiro na jogada. Seja o que for, faça alguma coisa! Tradicionalmente, os programas de recompensa e reconhecimento recebem as avaliações mais baixas nas pesquisas com funcionários. Fizemos um trabalho muito bom na Disney, com uma variedade de programas e prêmios, e essa ainda era uma das nossas áreas de liderança com avaliação mais baixa. Portanto, trate a recompensa e o reconhecimento como qualquer outra medida comercial. Implemente os processos para garantir que isso aconteça, lembre-se de adaptá-los a cada pessoa e certifique-se de que reforçam os comportamentos esperados em sua organização.

INDIVIDUAL *VERSUS* COLETIVO

As organizações obtêm resultados de duas maneiras: desempenho individual e desempenho da equipe. Por toda minha carreira, manter um apoio equilibrado entre ambos sempre foi um dilema. Os comportamentos que incentivamos e recompensamos são os que recebemos. O quadro a seguir apresenta a dinâmica que resulta de cada ambiente.

	BAIXO INCENTIVO DA EQUIPE	ALTO INCENTIVO DA EQUIPE
ALTO INCENTIVO INDIVIDUAL	· BAIXA COLABORAÇÃO · COMPETIÇÃO POUCO SAUDÁVEL	· PARCERIAS · COLABORAÇÃO · INICIATIVA INDIVIDUAL · RESPONSABILIZAÇÃO DE PARES · VITALIDADE ORGANIZACIONAL
BAIXO INCENTIVO INDIVIDUAL	· DISFUNCIONAL · SEM RESULTADOS	· FRUSTRAÇÃO DA EQUIPE · SENTIMENTO DE INJUSTIÇA · DESMOTIVAÇÃO

Os líderes que avaliam suas equipes sobretudo em relação ao desempenho individual deixam passar os subordinados diretos que se ajudam mutuamente a resolver problemas de forma coletiva.

Quando supervalorizamos o comportamento individual, cada pessoa está concentrada em como ser notada e em provar seu valor para o chefe. As pessoas não "se ajudam" e podem permitir que outro membro da equipe se dê mal de modo que, comparativamente, elas sejam encaradas como melhores realizadoras.

Por outro lado, os líderes que avaliam sua equipe sobretudo no desempenho coletivo também colocam os resultados em risco. Em qualquer equipe, haverá os desbravadores que podem contribuir com mais valor. No entanto, se seus esforços individuais não forem reconhecidos ou recompensados, é provável que se afastem ou deixem a empresa.

A verdade é que precisamos de ambos. O mundo de hoje é complexo e rápido demais para que qualquer pessoa individualmente consiga fazer tudo sozinha. Precisamos do ponto de vista, do conhecimento, da sabedoria e da contribuição de todos para que a equipe seja bem-sucedida. O poder está no coletivo.

Também precisamos de talento individual para levar a equipe adiante, mas não para se tornar a única estrela.

Tom Staggs, ex-presidente da Disney Parks and Resorts, chamou isso de "vitalidade organizacional". O conceito é simples. Como líder, espera-se que você atue em um nível de excelência individual e, ao mesmo tempo, aprimore as pessoas ao seu redor por meio de parcerias e colaborações.

ACELERE
SEUS RESULTADOS

Oferecer o reconhecimento certo implica que você:

- Esteja familiarizado com a maneira como cada indivíduo prefere ser reconhecido: em particular × em público, por escrito × oralmente etc.
- Encontre oportunidades todos os dias de reconhecer os funcionários por seu desempenho e suas realizações, sejam grandes ou pequenas.
- Crie um processo para reconhecer e recompensar. Esse não é um comportamento natural para muitas pessoas.
- Leve em consideração uma combinação de recompensa e reconhecimento estruturados e espontâneos.
- Sempre associe a recompensa e o reconhecimento a suas expectativas formais para reforçar o que você valoriza.

Capítulo 9

Dar feedback efetivo

Paris, 1993. Eu estava havia cerca de um ano em meu período na Disneyland Paris e tinha alcançado um marco profissional muito temido: demitir meu primeiro membro do *cast*. Essa pessoa em particular, a quem vou me referir como Jean-Pierre, tinha tido um mau desempenho por um tempo, e havia chegado a hora de demiti-lo. Quando ele chegou ao trabalho, pedi que fosse à minha sala e nós dois nos sentamos. Comecei a explicar meticulosamente o motivo pelo qual tinha tomado essa decisão. Foi um momento desconfortável (na melhor das hipóteses), e levei um tempo para chegar ao ponto, ou seja: que sua carreira na Disney tinha terminado. Eu dera muitas voltas, em parte por causa do fato de que ainda não dominava bem o francês, mas sobretudo porque eu não estava preparado no geral. A conversa terminou. Jean-Pierre foi embora. Soltei um suspiro de alívio e continuei meu dia – para mais tarde descobrir que, depois da nossa conversa, Jean-Pierre havia retornado ao seu posto no estacionamento! Claramente, o meu feedback não tinha "batido"! (Ainda voltarei a essa palavra mais adiante neste capítulo.)

No início de minha carreira, tive muita dificuldade com situações semelhantes e, de maneira mais geral, em como dar feedbacks difíceis. Eu ficava nervoso, meu estômago revirava e a ansiedade aumentava até que, por fim, tinha que dar o feedback ou deixar o veredito de lado. Com frequência eu ficava com uma sensação ruim, pois sabia que não estava lidando muito bem com a situação.

Por que evitamos dar feedback negativo?

- Temos medo.
- Não queremos prejudicar o relacionamento.
- Ficamos preocupados com a reação e os sentimentos da outra pessoa.
- Não temos certeza de como transmiti-lo.
- Não conhecemos todos os fatos.
- Nunca fizemos isso antes.

A lista continua.

No entanto, o feedback é um pré-requisito para que as equipes tenham sucesso. Então comecei a ler sobre o assunto, conversei com pessoas e observei outras que tinham mais experiência. Também refleti sobre meus próprios sentimentos das vezes que recebi feedback de alguém e como reagi a ele.

Fui imediatamente atraído pelo conceito de "observações" (que soa muito mais positivo que "feedback"). Se você por acaso trabalha no ramo do entretenimento, seja como artista, dançarino ou cantor, o diretor do programa em geral o aborda depois da apresentação e faz observações a respeito dela. Essas observações podem variar entre "Você deve chutar mais alto", "Sorria mais", "Você não alcançou a nota certa", "Você precisa ir para este lado do palco mais rápido". Os membros do *cast* de entretenimento estão acostumados com feedbacks e esperam por eles. Ele não é considerado uma avaliação de desempenho, mas apenas um feedback "em tempo real". Ele é encarado como parte do trabalho: *estão fazendo observações porque estou me apresentando. Sempre há algo em que posso melhorar, e o papel do diretor é me ajudar a fazer isso.* No ramo do entretenimento, o feedback é uma parte consistente e legítima da cultura. Como reproduzimos isso em nossas organizações? Como podemos criar uma cultura de positividade em torno do feedback – mesmo do feedback negativo – ao torná-lo uma prática comum e rotineira em vez do dia do juízo final?

CONTRA O QUE ESTAMOS LUTANDO

Primeiro, grande parte do pessoal de hoje foi criado com feedback positivo, independentemente do desempenho. Se você já se sentou perto do gramado em um evento esportivo juvenil, com certeza entende o que estou falando. É tudo positivo, o tempo todo. Não é de se admirar que tantas pessoas tenham dificuldade em aceitar qualquer tipo de feedback negativo – elas nunca o receberam antes.

Se você cresceu com pais em estilo "helicóptero" ou pais em estilo "limpa-neve" – que não apenas supervisionam tudo que os filhos fazem, mas também eliminam todos os obstáculos –, também deve ter dificuldade em receber feedback ou estar no lado fraco de uma decisão. Certa vez, conheci uma funcionária de 23 anos de um programa universitário que estava perplexa por não ter sido selecionada para se tornar uma instrutora da Disney (um passo acima do papel da linha de frente). Eu argumentei que estava tudo bem, já que ela ainda era nova na empresa e estava aprendendo. A resposta dela? "Você não entende. Eu nunca fracassei em nada antes!"

Outra cilada da nossa cultura é que, muitas vezes, comemoramos resultados em vez de esforço. Com frequência, encaramos resultados positivos como o único critério para o sucesso. Conforme discuti no Capítulo 2 sobre aptidão mental, costumamos considerar o fracasso como vergonhoso. Sendo assim, as pessoas ficam na defensiva, não veem a oportunidade de crescimento em receber feedback negativo, o ignoram e continuam com o mesmo comportamento. A definição de insanidade não é fazer a mesma coisa repetidamente e esperar resultados diferentes?

Por fim, porque nos sentimos pouco à vontade em oferecer feedback, muitas vezes enrolamos e postergamos o inevitável. Uma coisa que se deve lembrar: "No feedback, o silêncio não funciona!". Quanto mais esperarmos, mais difícil será *oferecer e receber*. Se não abordarmos o baixo desempenho de imediato, o funcionário vai acreditar que esse comportamento é aceitável e continuará com o conto de fadas. Antes de nos darmos conta, outros vão reproduzir os mesmos comportamentos e envenenarão o poço. É assim que a cultura organizacional se desgasta de forma velada: certos comportamentos são inaceitáveis e depois se tornam "desaprovados", depois passam a ser "tolerados" e um dia são considerados admissíveis e se tornam práticas comuns.

Independentemente disso, é nosso trabalho, como líderes, criar um ambiente em que o feedback seja contínuo, aceito e valorizado. Se vamos trabalhar para aprimorar e gerir uma organização de alto desempenho, não há como deixar isso de lado. Pode chamar de feedback, observações ou de qualquer outra coisa, mas essa é a força vital da melhoria contínua.

COMO DAR FEEDBACK DE FORMA BEM-SUCEDIDA

Antes de dar o feedback. Ao ter um plano para colocar em prática, podemos permanecer racionais quando as emoções ao oferecer o feedback baterem e a amígdala de nosso cérebro desencadear uma resposta de luta ou fuga. Um plano nos assegura que podemos continuar a ter uma conversa de alta qualidade, lógica e eficaz.

Responda a estas três perguntas:

Qual é a qualidade desse relacionamento? Uma tarde, eu estava "dando uma volta" com o gerente de RH e me deparei com um membro do *cast* de Merchandising chamado Jim basicamente se escondendo atrás de seu carrinho. Eu o abordei e lhe dei algumas instruções bem claras. "Boa tarde, Jim", eu disse. "Você pode, por favor, arrastar seu traseiro para cá e conversar com alguns desses visitantes gentis que estão pagando tanto dinheiro para ver seu lindo sorriso?"

Jim sorriu e foi para a frente do carrinho. "Desculpe, Dan, estava dando um tempo ali", disse ele.

O gerente de RH me encarou com um olhar preocupado. "Dan, você não pode falar uma coisa dessas para um membro do *cast*! É desrespeitoso e você não pode dizer a ele para arrastar o 'traseiro'!" Ele estava certo. Mas ele não sabia que eu tinha conhecido Jim vinte anos antes em outra área, e que tínhamos um relacionamento de confiança. Ele era um dos meus "postos de escuta" – alguém da linha de frente que me contava o que estava acontecendo. Jim era um bom membro do *cast,* e nos respeitávamos mutuamente. Algumas semanas antes, ele tinha de fato *me dito* que eu devia sair da minha "torre de marfim" e arrastar o *meu* traseiro pelo parque, onde as coisas estavam acontecendo. Este era o nível em que nos comunicávamos. Obviamente, isso não é algo que eu poderia ter feito com qualquer pessoa. Eu tinha ajustado meu comentário com base no nosso nível de interação.

O mesmo valia para meus subordinados diretos. Eu tinha um entendimento mútuo único com cada um deles. O fator de conforto e confiança era extremamente alto com alguns e mediano com outros. Por isso, sempre avaliava a qualidade do relacionamento de antemão para ajudar a determinar meu estilo de feedback. Para ajudar nesse processo, pense no nível de confiança que vocês têm um pelo outro e se o funcionário vai presumir que você tem boas ou más intenções. Pergunte a si mesmo se já tiveram conversas do tipo antes e se há alguma chance de o funcionário achar que é algo pessoal. No geral, pensar nas diferentes abordagens e possíveis reações e ter pontos de discussão claros vai impedir que a conversa se torne constrangedora.

Que expectativas eu estabeleci? É importante examinar como comunicamos expectativas sobre uma questão específica que estamos prestes a abordar. Isso não significa que vamos mudar o feedback, mas eu descobri que, quando penso a fundo nas expectativas que estabeleci – ou que não estabeleci –, posso modular melhor o feedback. A menos que esse seja um problema recorrente, não queremos nos pegar dizendo: "Você devia saber". Nossa responsabilidade como líderes é nos certificar de que criamos expectativas claras em nossa organização, de modo que as equipes não precisem supor o que é aceitável e o que é inaceitável.

O que vai acontecer se eu não fornecer esse feedback? Eu sempre penso nas consequências de não dar o feedback. Ao longo do tempo, se não lidarmos de frente com as questões, perdemos credibilidade (e eventualmente nossa capacidade de liderar); nossa operação se torna menos eficiente ou produtiva; e nossa cultura organizacional enfraquece. Se somos apaixonados por nosso trabalho e se o levamos a sério, precisamos reunir coragem para abordar diretamente as questões. Porque, se não fizermos nosso trabalho, a empresa vai contratar outra pessoa que o fará!

Na hora de dar o feedback. *Primeiro,* tenha em mente que o feedback é sobre comportamento, não caráter. Você pode não aprovar o comportamento de uma pessoa, mas isso não a torna má – apenas alguém que fez uma má escolha ou agiu de forma inapropriada. Esse não é um julgamento para sempre e não "define" a pessoa. Essa pessoa saiu da linha. E você está lá para ajudar a corrigir o curso.

Segundo, encontre o tom certo. Cometemos erros parecendo muito duros ou tranquilos. Assim como Cachinhos Dourados, você precisa chegar ao que é "certo". Tire as emoções do caminho. Se necessário, tome a decisão no dia seguinte. Espere até a adrenalina baixar e tenha cuidado com a escolha das palavras e com seu tom de voz.

Vejamos três situações diferentes e as diferentes abordagens possíveis – "tranquilo demais", "duro demais" e "bem na medida".

Alguém está sempre atrasado.

- Tranquilo demais: "Eu sei que tem muita coisa acontecendo...".
- Duro demais: "Você está sempre atrasado; qual é o seu problema?".
- Bem na medida: "Percebi que você anda se atrasando sempre para nossas conferências via telefone. Você já se deu conta disso?".

Uma pessoa interrompe as outros com frequência.

- Tranquilo demais: "Você tem ótimos pontos de vista nas reuniões, mas...".
- Duro demais: "Você está sempre interrompendo as reuniões".
- Bem na medida: "Tenho observado o fluxo de nossas reuniões ultimamente e percebi que você interrompe as outras pessoas com frequência. Você já se deu conta disso?".

Uma pessoa sarcástica.

- Tranquilo demais: "Acho que você tem um ótimo senso de humor, mas...".

- Duro demais: "Você não percebe que o seu sarcasmo não tem graça?".
- Bem na medida: "Observei que às vezes você responde com humor que me soa como sarcasmo, e não tenho certeza de como encará-lo".

Encontrar as palavras e o tom certos leva tempo e preparo, contudo melhoramos com a prática e, com o tempo, fica mais fácil.

Terceiro, conheça os fatos. Se você não puder embasar seus comentários com coisas específicas, não vai ter credibilidade. Reunir dados é bastante fácil quando se baseia em critérios claramente mensuráveis, como assiduidade ou vendas. Em papéis de liderança, porém, as questões podem ser mais subjetivas e, portanto, mais difíceis. Então seja diligente e sempre documente todos os contratempos que testemunhar, grandes ou pequenos, significativos ou não. Seja qual for o tamanho, você logo identificará a tendência. E, quando a tendência está clara, é hora de mergulhar nos detalhes mais específicos desse departamento em particular para descobrir onde o colapso está acontecendo. O segredo é documentar tudo, não importa quão insignificante a ocorrência possa parecer de início.

Quarto, certifique-se de que o feedback "bateu". As pessoas precisam ouvir, entender, aceitar e, de fato, mudar seu comportamento. É por isso que estamos oferecendo o feedback! Portanto, dê a elas tempo para processar e ajude-as a trabalhar os diferentes estágios da internalização. Certifique-se de que entenderam as implicações e as consequências de seus comportamentos. Observe a resposta verbal, a linguagem corporal e o tom de voz que apresentam. Dê a elas a chance de responder e esclarecer, se necessário. A ideia aqui é garantir que vocês estejam se comunicando na mesma sintonia – o contrário da minha primeira experiência com o membro do *cast* francês no estacionamento.

Por fim, ofereça alguns conselhos. Ajude-as a melhorar. Afinal, esse não é o objetivo? Certifique-se de que as expectativas futuras (e possíveis consequências) tenham sido compreendidas; peça que a pessoa apresente um plano de ação. O ônus deve ser dele ou dela de corrigir o curso. Ofereça algum tipo de treinamento adicional e desempenhe você mesmo ou um colega a função de modelo, se necessário.

Depois de dar o feedback. Bem quando você pensou que tinha terminado, percebe que ainda tem muito mais para acontecer. Você pode ter passado a mensagem, mas os próximos dias (ou semanas) vão lhe dizer se fez isso com êxito. Agora você está esperando que a mudança de comportamento discutida transpareça. Portanto, anote em sua agenda os itens que precisa se lembrar de fazer:

- Monitorar o pós-feedback do seu funcionário.
- Oferecer o treinamento com o qual concordou (se for o caso).
- Fazer comentários positivos se o comportamento de fato tiver mudado – ou passar para a próxima etapa se não houver alteração no desempenho.

Pode haver uma segunda conversa, uma discussão documentada ou um memorando para arquivar. O processo deve ser justo e progressivo para oferecer à pessoa em questão a oportunidade de mudar, contudo uma mudança de comportamento *deve* acontecer. Se isso não ocorrer, a demissão será a solução certa.

Aliás, se você estiver se perguntando: naquele dia pavoroso de 1993 em Paris voltei ao estacionamento para encontrar Jean-Pierre. Eu o levei de volta ao meu escritório e desta vez dei o veredito em termos inequívocos: "*Vous êtes viré*" [você está demitido]. Usando os termos franceses corretos, embasei o veredito com os motivos apropriados documentados e o encaminhei para a área administrativa para que ele entregasse seu crachá da Disney e limpasse o armário. Vivendo e aprendendo!

ACELERE
SEUS RESULTADOS

Para feedbacks construtivos e eficazes:

- Faça anotações e preveja a reação com base no que você sabe sobre a personalidade da pessoa e no nível de confiança que vocês compartilham.
- Torne a prática do feedback uma coisa comum, não uma avaliação de desempenho.
- Pergunte a si mesmo: *Qual é o nosso tipo de relacionamento? Que expectativas eu estabeleci? O que vai acontecer se eu não der o feedback?*
- Encontre o tom certo; conheça os fatos e certifique-se de que o feedback "bateu".
- Acompanhe o pós-feedback.

PARTE 3

LIDERANÇA ORGANIZACIONAL

Quando o Walt Disney World foi inaugurado, em outubro de 1971, Orlando entrou no mapa como um destino para as férias. O SeaWorld logo o seguiu, em 1973, e o Universal Orlando chegou dezessete anos depois. Orlando se tornou o destino com diversos parques mais movimentado do país, e as três empresas disputavam reservas e dólares de turismo. O Walt Disney World atraiu a maioria dos turistas, mas o Universal e o SeaWorld estavam pouco atrás da Disney.

Com isso em mente, não ficamos complacentes. Em vez disso, começamos a observar nosso modelo de negócio para descobrir como poderíamos nos diferenciar da concorrência. Claramente, nossos visitantes estavam nos dizendo que amavam nossos parques e resorts, mas uma das principais reclamações era o perrengue do deslocamento entre eles. E se houvesse um modo de melhorar esse problema? Como podíamos facilitar essa questão para nossos visitantes? Foi assim que o Magical Express da Disney surgiu. A partir de 2005, oferecemos aos hóspedes do resort transporte gratuito de ida e volta para o aeroporto de Orlando, bem como o transporte da bagagem para seus quartos do hotel. Nós enviamos etiquetas de bagagem para suas malas antes da partida. Depois que despachassem as malas no aeroporto de onde tivessem saído, elas "magicamente" iriam direto para seus quartos no hotel da Disney. Um ônibus aguardava os hóspedes no aeroporto para "arrebatá-los" para nossos resorts, sem malas com que se preocupar.

Esse foi um grande empreendimento para a Disney e uma maneira ambiciosa de superar a concorrência. Claramente, as pessoas astutas por trás dessa ideia tinham previsto que os hóspedes afluiriam por esse serviço, evitando, assim, o aluguel de carros. Sem um carro à disposição, os hóspedes estavam mais inclinados a permanecer na Disney, comer na Disney e gastar seu dinheiro de férias na Disney.

Uma equipe dedicada trabalhara nessa iniciativa por volta de um ano. O plano original era lançar a novidade em ondas, excluindo, a princípio, o All-Star Resort (um hotel de valor) do qual eu era o gerente-geral. No entanto, apenas três meses antes da data de lançamento, a Disney decidiu expandir essa oferta para toda a propriedade. Minha equipe e eu tivemos que entrar no comboio quase em cima da hora.

Como o All-Star Resort, em estilo pousada, se estende por quase dois quilômetros e oferece seis vezes mais quartos do que o segundo maior hotel da Disney, ele apresentou um novo leque de desafios logísticos. Tivemos que nos preparar para processar e entregar bagagem para até 5.760 quartos, cobrindo distâncias significativas e lidando com questões relacionadas ao clima.

Reuni a equipe e nos pusemos a trabalhar. Primeiro, tivemos que garantir que todos os membros do *cast* do resort entendessem os benefícios do Magical Express da Disney. Tivemos que "vender" a ideia para eles e deixá-los cientes da vantagem para os hóspedes e, por fim, para a organização. Em outras palavras, tivemos que inspirar e incentivar as tropas enquanto enfrentávamos os desafios únicos do layout do All-Star. Criamos processos com base nos dados do Departamento de Engenharia Industrial da Disney. Contratamos pessoal extra para lidar com a entrega da bagagem. Treinamos os membros do *cast* da recepção e da governança, já que seriam diretamente afetados. Encomendamos todos os equipamentos, incluindo carrinhos de golfe e de bagagem, e escâneres para as etiquetas. Preparamos nosso call center para lidar com perguntas e possíveis bagagens extraviadas e trabalhamos para integrar a comunicação entre a governança, a recepção e a equipe de entrega.

Todos os líderes, inclusive eu, vestimos fantasias e ajudamos na operação nas primeiras duas semanas. Queríamos ver em primeira mão como o plano se desenrolava. Devo dizer que funcionou muito bem, considerando que, com uma média de três malas por quarto, o All-Star transportava por volta de 17 mil bolsas ou malas por dia, colocando-nos de fato em números comparáveis aos dos maiores aeroportos regionais dos Estados Unidos. Ainda assim, com 99,9% de precisão, teríamos dezessete malas extraviadas ao final de cada dia. Não é algo que ansiávamos. Portanto, as apostas eram altas! Monitoramos os números diários e abordamos os problemas imediatamente. Realizamos pesquisas após o lançamento e afinamos a operação até que ficasse totalmente integrada.

A iniciativa Magical Express foi um enorme sucesso para a Disney e para o All-Star. Não demorou muito para que nossos concorrentes sentissem o impacto. Enquanto isso, a frequência e o tempo de permanência dos hóspedes aumentaram e nossas pesquisas de satisfação de clientes melhoraram e chegaram a novos patamares.

É aqui que a Disney e outras companhias de sucesso se destacam claramente das outras: elas demonstram *o desejo de sempre melhorar*. Elas aprimoram consistentemente uma organização que já tem um desempenho de ponta enquanto estabelecem uma nova visão e novas metas para os funcionários. Devido ao tamanho do Walt Disney World, todo empreendimento requer procedimentos complexos e treinamento intensivo, muitas ideias criativas e ótima comunicação. Além disso, essas novas iniciativas não seriam bem-sucedidas se os membros do *cast* da Disney não trabalhassem dentro de uma estrutura clara, que os capacita a ter iniciativas e a tomar decisões. Por meio de muitos projetos desse tipo aprendi em primeira mão que todos esses elementos são indispensáveis para criar uma grande cultura e levar uma empresa a resultados bem-sucedidos e sustentáveis.

Capítulo 10

Visão organizacional

Se você lidera uma equipe, um projeto, um departamento ou uma empresa inteira, um objetivo ambicioso deve estar em seu futuro próximo. Você está se esforçando para se tornar o líder do seu ramo? Comercializar com êxito um novo produto? Atingir os objetivos de vendas? Estabelecer sua marca em novos mercados? Recrutar e treinar uma nova equipe? Seja qual for o escopo de suas responsabilidades, deve haver uma visão que funcione como um destino ambicioso para você e sua equipe, algo em que trabalhar para gerar sua estratégia. Toda decisão tomada deve ser voltada para dar um passo nessa direção e aproximá-lo desse objetivo.

É sua responsabilidade como líder definir tal visão e torná-la vibrante e dinâmica, não apenas uma citação empoeirada pendurada na parede. A visão também é um fator de motivação para sua equipe, algo que desperta o sentimento de orgulho e permite que seus integrantes prevejam as possibilidades futuras.

Aqui estão algumas coisas a considerar.

MANTENHA SUA VISÃO SIMPLES E MEMORÁVEL

Quando falamos sobre visão, é fácil se sentir sobrepujado pelas histórias de visionários atuais e do passado: Steve Jobs, Katherine Graham, Mark Zuckerberg, John Rockfeller e Walt Disney, para citar alguns. Todos eles transcenderam seus ramos e deixaram seu legado para os livros de história. Todos eles inventaram um produto, conceito ou empreendimento revolucionário e desafiaram toda uma indústria no processo.

Não é necessário dizer que é difícil se comparar a líderes transcendentes como esses. Mas não há por que entrar em pânico. Com muita frequência, a visão da sua organização deve ser simples e definir um caminho claro para o sucesso. Às vezes significa apenas "fazer bem o que fazemos melhor". Na Disney, a visão de nosso Departamento de Segurança era "Ninguém se machuca" – imagine um objetivo elevado! Não é exatamente algo revolucionário, que tira o mundo do Departamento de Segurança do eixo, mas é um objetivo elevado mesmo assim. Mais importante, esse tipo de visão apresenta um caminho claro para seguir e do qual se lembrar.

FAÇA DISSO PARTE DA SUA TOMADA DE DECISÃO

Em 2013, lançamos o My Magic Plus no Walt Disney World. Esse novo sistema de reservas digital nos permitiu combinar as chaves dos quartos, os pagamentos e a emissão de entradas em uma única pulseira RFID. Enviávamos as pulseiras – que eram criptografadas com seus ingressos para o parque, FastPasses, reservas e muito mais – para os hóspedes imediatamente após a reserva. Foi um grande salto para a Disney, na marca de 1 bilhão de dólares. O *modus operandi* da iniciativa era simples: "É melhor que os hóspedes adorem! É melhor que o *cast* adore! Isso tem que funcionar!". Em outras palavras, "vamos garantir que não seja complexo demais para os hóspedes ou para o *cast* operar, e que qualquer tecnologia que coloquemos em operação seja experimentada e testada". Com isso em mente, fomos capazes de esclarecer muitas questões e de tornar a curva de aprendizado menor para todos. Quando tínhamos que criar novos processos, sempre nos perguntávamos: "O hóspede vai adorar?", "O *cast* vai adorar?" e "Ótima ideia, mas podemos fazê-la funcionar?".

Isso pode parecer moleza, mas cada decisão em sua empresa deve aproximá-lo um pouco da sua visão. Com muita frequência, perdemos de vista o motivo pelo qual estamos no negócio ou o que estamos tentando alcançar, especialmente quando as coisas ficam muito complexas ou se estendem por bastante tempo. Criamos novas iniciativas ou processos que são contrários aos nossos objetivos verdadeiros.

Criamos barreiras e obstáculos que dificultam nossa capacidade de expandir nossos negócios ou impedem que nossas equipes trabalhem em seu melhor desempenho. Quanto maior a organização, mais suscetíveis estamos a nos desviar de nossos objetivos iniciais. Posso pensar em muitos exemplos de tarefas administrativas inúteis, processos distorcidos e requisitos desnecessários de aprovação que nos atrasam ou, pior ainda, nos afastam do resultado desejado.

Então mantenha sua visão como prioridade e sempre em mente a cada decisão que você tomar.

DA VISÃO AO PROPÓSITO COMUM

A visão da Walt Disney Company era ser "a companhia de entretenimento mais admirada do mundo". Como se isso não fosse o bastante, Bob Iger aumentou ainda mais o nível afirmando que a Disney queria se tornar "*a companhia* mais admirada do mundo". Ponto-final.

Como era o caso da Disney, a visão abrangente costuma ser criada por um grupo de executivos que vai atrás desse objetivo quando traça o plano estratégico para os próximos cinco a dez anos. Parece ambicioso, e com certeza a maioria dos funcionários vai se orgulhar de trabalhar para uma organização assim, sobretudo quando ela tem um reconhecimento de marca elevado, como a Coca-Cola e a Apple. No entanto, não posso deixar de me perguntar quantos membros do *cast* saem da cama de manhã dizendo: "Estou trabalhando para que a Disney se torne a companhia mais admirada do mundo!". Além da fileira superior de executivos, será que alguém de fato se inspira nisso? É difícil acontecer quando você tem pouco impacto direto. Se você é o CEO e decide doar 1 milhão de dólares para ajudar na recuperação do Haiti depois de um terremoto, oferecer aulas gratuitas a membros do *cast* que recebem por hora de trabalho ou se comprometer a contratar 10 mil veteranos, isso chega à primeira página dos jornais. Consequentemente, a estrela da Disney brilha mais e a empresa se torna a cada vez um pouco mais louvável.

Mas o que fazer com os membros do *cast* da linha de frente que tocam as atrações, preparam e servem as refeições ou limpam quartos de hotel? Eles estão trabalhando para tornar a Disney a companhia mais admirada do mundo? É claro que estão, contudo é mais difícil para os funcionários da linha de frente verem como contribuem para isso. Eles também fazem a diferença e, como líderes, precisamos guiá-los e incentivá-los, apresentando a eles um objetivo mais concreto. Eles precisam de um *propósito comum*. É muito mais eficaz atribuir a eles um objetivo que esteja ao alcance deles e que os motive a ir além de suas responsabilidades profissionais *diariamente*. Dê a eles algo em que possam causar um impacto pessoal e direto e que dê frutos de imediato. Por ser mais tangível, os funcionários podem se unir em torno desse propósito, apropriar-se dele e encontrar gratificação. *O propósito comum mostra como e por que eles influenciam e impactam o sucesso de sua organização.* Todos os funcionários importam e precisam saber que importam.

Você deve fornecer à sua equipe uma meta tangível, um objetivo que os motive a ir além de suas responsabilidades profissionais *diariamente*.

Na Disney, os membros do *cast* fazem mágica! Por meio de todas as interações, contribuem para criar experiências inesquecíveis para os hóspedes, que, por sua vez, aumentam a reputação de excelência da organização. À medida que os membros do *cast* começam o dia, dão início a seus turnos de trabalho ou cumprimentam os visitantes que chegam, todos eles têm este objetivo em mente – um objetivo tangível. Como em um quebra-cabeça de 12 mil peças, todos oferecem uma peça para a experiência do visitante. Quer você carregue e descarregue as atrações, faça a pipoca, dance no palco, mantenha o parque limpo, conserte o ponto de iluminação, passe o ancinho na cobertura de palha ou faça apresentações em qualquer parte dos parques e resorts, você possui e oferece uma pouco da magia. E, se uma peça do quebra-cabeça estiver faltando, ela fica evidente. Portanto, os membros do *cast* precisam saber que seu desempenho importa e que todos geram valor. Todas as tarefas contribuem para o "panorama geral" e todos os membros do *cast* da Disney – ou funcionários de sua empresa – coletivamente tornam a visão realidade. É nosso trabalho como líderes ligar os pontos para eles, articular um propósito comum convincente e mostrar a todos os membros como sua contribuição diária é significativa para a visão geral. Alguns dizem que ser líder é levar as pessoas a fazer o que você quer que elas façam. Eu discordo. Acredito no compromisso, não na obediência. Quando os funcionários conhecem seus papéis e como contribuem para o resultado final, estão comprometidos. É mais provável que façam a coisa certa porque *querem* e porque *se sentem bem* com isso.

COMUNIQUE SEU PROPÓSITO COMUM

Quando assumi o Magic Kingdom, estávamos no final de um grande projeto de expansão que incluía dobrar o tamanho do Fantasyland e introduzir uma nova apresentação com fogos de artifício. A equipe dedicou enorme energia e inúmeras horas para cumprir os prazos desse novo projeto. Senti que o pó mágico tinha começado a perder seu esplendor. Era hora de renovar o propósito comum da organização e reanimar os membros do *cast* mais uma vez. Assim me pus a lembrar a equipe que éramos antes de mais nada o "Lugar Mais Mágico da Terra" e que o Magic Kingdom é "o" lugar que dá nome à magia da Disney. É o "primeiro" parque ou o "único" parque a que os visitantes vão (sem dúvida porque nenhum outro tem um castelo desses!).

Tínhamos que garantir que nosso propósito comum. "Nós criamos magia!" permeava tudo o que fazíamos e todas as nossas interações.

Em vez de perguntar aos nossos funcionários: "Como está sendo seu dia?", perguntávamos: "Que magia você fez acontecer hoje?".

Nós nos certificávamos de que o propósito comum do Magic Kingdom estivesse em todas as formas de comunicação, como publicações internas, saudações ao telefone ("Tenha um dia mágico!") e quadros de avisos nos bastidores. Pode ser tão simples quanto ajustar a linguagem da sua empresa para criar lembretes constantes.

Eu também produzia um podcast semanal sobre as prioridades da minha equipe, que enviava a todos os líderes do Magic Kingdom, sugerindo que eles o compartilhassem com todo o *cast*. Eu escolhia os tópicos de modo a transmitir uma prioridade que era minha e que deveria se tornar uma prioridade deles também.

Pedi a toda equipe de liderança que se comprometesse a ser acessível e disponível na operação e a dizer por que era importante oferecer lembranças mágicas. (Visitantes felizes são visitantes leais que voltam ao Magic Kingdom.) Todos nós passávamos um tempo no parque dando o exemplo, reforçando os padrões de qualidade e incentivando e oferecendo reconhecimento ao *cast* por fazer com que os visitantes se sentissem especiais – ou seja, pelo pessoal do *cast* estar divulgando o tempo todo nosso objetivo diário: "Estamos aqui para fazer os visitantes felizes e ultrapassar todas as suas expectativas".

Durante nossos briefings diários, divulgávamos "momentos mágicos" ou comentários feitos em cartas de visitantes. Oferecíamos reconhecimento aos membros do *cast* que tinham "ido além" e oferecido o "toque mágico", ao selecionar visitantes e descobrindo maneiras de tornar sua experiência ainda melhor.

Após vários meses, isso produziu os melhores resultados nas pesquisas com visitantes em anos. Comemoramos com nosso *cast* para que todos pudessem ver e apreciar os resultados imediatos do trabalho duro da equipe. Os visitantes estavam nos dizendo em alto e bom som que estávamos oferecendo o fator "magia".

Um líder pode ser um visionário incrível, mas, sem articular a visão, ao vendê-la de forma convincente à equipe e ser um exemplo dela, os funcionários podem ter dificuldade em se alinhar à visão, em acatá-la e, finalmente, em exercê-la. Uma visão clara deve permanecer límpida e central, e devemos ser inabaláveis ao comunicá-la.

REAVALIE REGULARMENTE SUA VISÃO

As empresas podem facilmente mergulhar demais em tocar os negócios do cotidiano e não pensar nas projeções. Se tivermos sorte, o vento nos leva para a direção certa, mas às vezes temos que enfrentar contraventos inesperados de mudanças rápidas. A competição está se expandindo com a globalização; a tecnologia está transformando mercados da noite para o dia e as mudanças climáticas estão afetando os comportamentos dos consumidores com impacto no longo prazo. As grandes empresas, por causa de seu tamanho, burocracia e formalidades, costumam ter dificuldade em reagir rápido às tendências do mercado e às mudanças de comportamento, isso sem mencionar as atualizações tecnológicas.

Portanto, devemos reservar um tempo para avaliar regularmente nossa visão e plano estratégico e fazer os ajustes necessários. A história está repleta de empresas que não conseguiram ajustar, recalibrar ou até renovar sua visão, e o resultado, para a maioria, foi a falência (pense na Kodak ou na Blockbuster). Com muita frequência, os líderes se apegam a uma visão que se tornou irrealista, desatualizada ou muito remota dos negócios do dia a dia – e, quando se dão conta, já é tarde demais para mudar de rumo ou isso custa dinheiro demais. Como líderes, não devemos perder de vista o longo prazo e devemos ser ousados ao fazer as mudanças necessárias. Às vezes temos que mudar de rumo, e às vezes precisamos de coragem para mudar o destino por completo.

ACELERE
SEUS RESULTADOS

Aqui estão algumas lições essenciais sobre a visão organizacional:

- É importante para a liderança sênior ter uma visão e revisitá-la com frequência no momento de tomar as decisões.
- Crie um propósito comum: um *modus operandi* que deve ser lembrado e para o qual os funcionários de todos os níveis possam contribuir diariamente.
- Recompense, ofereça reconhecimento e conte histórias sobre como os funcionários de sua organização estão dando vida ao propósito comum. Isso vai incentivá-los a continuar apresentando esses comportamentos e eles serão modelos para que outros os sigam.

Capítulo 11

Estratégia

Nos primórdios do Walt Disney World, qualquer vice-presidente poderia apresentar uma ideia e, se eles fossem convincentes o bastante, receberiam financiamento para um novo projeto. Não era a maneira mais estratégica de tomar decisões, mas com certeza ensinava as pessoas a pensar de modo criativo e a contar uma história convincente. Hoje em dia, o Walt Disney World se tornou muito mais rigoroso na construção de suas estratégias.

Todo ano preenchíamos um estudo chamado Avaliação de Necessidades. Analisávamos cada propriedade, hotel e parque por meio de filtros como marketing, vendas, resultados financeiros, engenharia industrial, alimentos e bebidas, varejo e, o mais importante, feedback dos visitantes. Com a visão específica de cada propriedade em mente, examinávamos como as ofertas correspondiam às expectativas dos visitantes. Se houvesse brechas, procurávamos atenuar as discrepâncias com os investimentos relevantes e projetos importantes. Podíamos facilmente identificar se precisávamos de mais capacidade, novas atrações, restaurantes (serviço de mesa ou balcão), locais de varejo, shows ou simplesmente banheiros adicionais.

No caso do Animal Kingdom, por exemplo, os visitantes estavam nos dizendo que era um destino para um passeio de no máximo meio dia, sem atrações suficientes. Por isso, decidimos desenvolver um território adicional, Pandora, com base no filme *Avatar*, e realizar o show noturno *Rivers of Lights* para prolongar a duração da estadia. No Magic Kingdom, precisávamos de mais alguns restaurantes com serviço de mesa, então abrimos a Skipper Canteen na Adventureland.

Com esse processo, identificamos não apenas necessidades, mas também oportunidades de crescimento e posicionamento em relação ao restante do Walt Disney World. Podíamos facilmente eliminar projetos queridinhos que não vingavam em relação aos fatos e ao teste lógico. Todos os departamentos criavam suas estratégias específicas com base na mesma cartilha, usando o mesmo formato. O documento se tornaria a diretriz estratégica para os próximos cinco anos. A Avaliação de Necessidades ofereceu uma maneira consistente de pensar sobre os negócios de modo geral. Como resultado, sabíamos em que precisávamos concentrar nosso dinheiro e nossos recursos.

Em 2011, eu era o vice-presidente do Disney's Hollywood Studios quando recebi uma ligação da Walt Disney Imagineering (WDI). A equipe me informou que John Lassetter, diretor de criação da Disney e fundador da Pixar, tivera uma ideia. E, rapaz, foi uma ideia bem legal: uma montanha-russa de portas do *Monstros s.a.*! Na "fábrica de gritos" do filme que alimenta Monstrópolis, as portas se movem ao longo de uma correia transportadora, oferecendo aos monstros um portal para os quartos das crianças. John Lassetter imaginou uma montanha-russa que levaria as pessoas pelas portas e entraria nos quartos, assim como os monstros. Que ideia divertida! Esta seria, sem dúvida, uma atração popular.

Na maioria das empresas, quando as pessoas recebem esse tipo de ligação, entram de cabeça. Se um dos grandes a apoia e o fundamento é convincente, o que há para discutir? Vamos construir.

No entanto, eu conhecia a Avaliação de Necessidades do Hollywood Studios por dentro e por fora, e a última coisa de que precisávamos era de outra montanha-russa. Como nossa estratégia tinha sido minuciosamente escrutinada e baseada em análises sólidas, tive confiança para informá-los com jeito que, por mais que todos adorássemos o conceito, o Studios não precisava de outra montanha-russa. "Mas, Dan, você o ouviu!", eles disseram. "Imagine que legal seria essa atração no *seu* parque?" Sim, seria muito legal de fato, mas a Avaliação contou uma história diferente. Na época, o Studios tinha um total de duas atrações para famílias: a Great Movie Ride e a Toy Story Midway Mania. Todas as outras atrações do parque tinham ou uma limitação de altura/idade (pense na montanha-

-russa Aerosmith Rock 'n' Roller, na Torre de Terror do *Twilight Zone* e na Star Tours) ou eram um show de palco. Na verdade, precisávamos de mais passeios para as famílias, que atraíssem as crianças mais novas. A ferramenta de Avaliação de Necessidades eliminou os projetos queridinhos e garantiu que não nos afastaríamos dos objetivos finais.

ESQUERDA OU DIREITA

A estratégia parte da visão que você criou para sua empresa. De certa maneira, ela define como seus sonhos se tornarão realidade. Ela cria um caminho claro para o sucesso e identifica cada trampolim para que você alcance esse objetivo ambicioso. Esse é o desafio que enfrentamos como líderes: por um lado, temos de ser criativos e ter em mente as possibilidades para o nosso futuro; por outro, temos que usar a racionalidade para montar uma estratégia. Muitos líderes têm dificuldade nisso porque amarra o pensamento criativo (o lado direito do cérebro) à lógica (o esquerdo). Todos nós temos um lado dominante guiando nossos pensamentos e decisões. Isso provavelmente explica por que as companhias mais dinâmicas costumam ser dirigidas por uma dupla com um líder visionário *e* um líder que pensa nos negócios. Pense em Walt Disney e seu irmão Roy: Walt era o sonhador, que sempre olhava para o futuro com novas ideias e inovações. Roy era o líder aterrado, um tipo de contador de grãos que garantiria que a empresa não fosse à falência no processo.

Você sabe instintivamente se o lado esquerdo ou direito do seu cérebro influencia mais seu modo de pensar, e pode compensar cercando-se de parceiros que apresentam a abordagem oposta. Ao construir sua estratégia, você deve dar voz aos parceiros que pensam de maneira diferente. É tentador cercar-se de pessoas que sempre dizem "sim" para validar seu ponto de vista, mas criar uma visão e construir uma estratégia sólida requer raciocínios complementares.

ESTRATÉGIA E TÁTICA

A estratégia é uma afirmação direta que define seu plano de ação para um departamento, enquanto as táticas são o resultado de decisões sequenciais. Se nossa estratégia era criar mais uma atração emocionante para o Magic Kingdom, por exemplo, as táticas incluiriam a identificação da propriedade intelectual, a tecnologia da atração, a capacidade necessária, o local e o capital exigidos. Cada item seria, por sua vez, atribuído ao departamento apropriado.

Inevitavelmente, teríamos que considerar diversas opções. Aqui está uma ferramenta simples que me ajudou a avaliar os riscos e a comparar cada alternativa. Você pode criar e preencher um quadro como esse ao avaliar os riscos em sua empresa. Eu usava diferentes cores (vermelho, amarelo e verde) para identificar o impacto de cada opção em nossos critérios mais importantes. Vermelho significava que a opção tivera um impacto negativo. Amarelo significava que o impacto havia sido neutro. Verde significava que a opção tivera impacto positivo. No final, calculei a pontuação geral, mais uma vez usando vermelho, amarelo e verde.

Embora esse exercício seja muito mais efetivo por meio do uso de cores, lanço mão de emojis para enfatizar o processo no livro impresso, já que ele é preto e branco. Neste caso, sorriso = verde, neutro = amarelo, triste = vermelho.

	CLIENTE	FUNCIONÁRIO	FINANCEIRO	OPERACIONAL	RELAÇÕES-PÚBLICAS	GERAL
OPÇÃO 1	🙂	☹️	😐	☹️	😐	☹️
OPÇÃO 2	😐	🙂	🙂	😐	🙂	🙂
OPÇÃO 3	😐	😐	🙂	🙂	☹️	😐

*Você pode acrescentar ou excluir categorias para o índice de risco.

Esse tipo de raciocínio nos ofereceu uma maneira fácil de avaliar cada opção – e entender como cada uma se comparava em custo e impacto em nossas relações públicas. Obviamente, seus critérios serão diferentes, já que dependem da sua atividade. No exemplo anterior, a Opção 2 teve a melhor pontuação em relação ao impacto em nossos critérios importantes.

Para ser consistente, também julguei relevante integrar as diferentes opções aos nossos padrões de qualidade para ver se cada alternativa progrediria individualmente em Segurança, Cortesia, Espetáculo e Eficiência (mais sobre esses padrões no próximo capítulo).

	SEGURANÇA	CORTESIA	ESPETÁCULO	EFICIÊNCIA	GERAL
OPÇÃO 1	🙂	🙁	😐	🙁	🙁
OPÇÃO 2	😐	🙂	🙂	😐	🙂
OPÇÃO 3	😐	😐	🙂	😐	😐

Isso forneceu um panorama rápido e criou um caminho evidente para o processo de tomada de decisão. Nesse exemplo, a Opção 2 era a escolha clara, pois obteve a maior pontuação em relação tanto ao impacto em cada critério importante quanto ao avanço de nossos padrões de qualidade.

Devo admitir que nunca tomei uma decisão sozinho. Confiei muito em minha equipe e incentivei-a a ser crítica e a desafiar minhas ideias. Ao discutir nossa estratégia, sempre quis que alguém fosse o advogado do diabo e abordasse todos os obstáculos e falhas de nosso plano de ação. Você pode atribuir esse papel propositada-mente a alguém da equipe e fazer com que levante toda e qualquer objeção. Quando você dá permissão para que comentários críticos sejam feitos, você e sua equipe podem, de fato, evitar armadilhas e prever obstáculos.

ACELERE
SEUS RESULTADOS

Monte um plano estratégico:

- Reserve tempo para se afastar da rotina de administrar seus negócios diários e pense nas necessidades de médio e longo prazo por meio dos filtros de necessidades financeiras, de funcionários e de clientes.
- Use um método de Avaliação de Necessidades, uma análise de Forças, Fraquezas, Oportunidades e Ameaças (SWOT, na sigla em inglês) ou outra ferramenta para avaliar sua organização e ajudar a determinar as necessidades.
- Inclua o maior número possível de departamentos para contribuir com seu plano estratégico.
- Dê permissão para que o projeto (ou iniciativa) seja criticado, a fim de revelar os desafios.
- Atualize seu plano ano a ano e volte a ele com frequência quando considerar novos projetos. Assim você garante que estejam todos alinhados.

Capítulo 12

Padrões de qualidade

A família Lopez está passando as tão esperadas férias no Walt Disney World. É uma viagem histórica para essa família de seis pessoas e de várias gerações: mãe, pai, três filhos e avó de 79 anos. As crianças estão pulando de alegria enquanto a mãe e o pai se revezam empurrando a cadeira de rodas da avó. Ela é saudável, mas seu equilíbrio não é lá tão bom e ela se cansa com facilidade.

Eles se aproximam da Spaceship Earth no Epcot e estacionam a cadeira de rodas no espaço designado. A avó caminha alguns metros para chegar à área de embarque. Essa área consiste em uma passarela móvel que corresponde à velocidade dos veículos que viajam na Spaceship Earth, permitindo assim que a pessoa que vai participar do passeio embarque com segurança. A membro do *cast* encarregada do embarque, Katie, avalia rapidamente a mobilidade da avó. O processo de embarque requer um pouco de coordenação, e há um pequeno risco de que a avó possa perder o equilíbrio. O que fazer?

Katie imediatamente pausa toda a atração para que a avó embarque com segurança. Essa decisão, sem dúvida, vai aumentar o tempo de espera para as pessoas ávidas pelo passeio que estão na fila esperando com paciência. Enquanto isso, os visitantes a bordo da Spaceship Earth terão sua experiência de viagem no tempo interrompida temporariamente e serão "trazidos de volta à Terra" por uma mensagem de segurança pedindo que "permaneçam sentados até que a viagem possa ser retomada".

No entanto, apesar do processo de embarque mais lento, do aumento do tempo de espera e da interrupção da atração, a profissional do *cast* não hesitou em tomar essa decisão rápida. Por quê? Porque ela foi treinada para operar dentro de uma estrutura precisa, que permite que tome decisões improvisadas. O tempo todo, um conjunto claro de regras guiava seu julgamento: os padrões de qualidade da Disney de **Segurança**, **Cortesia**, **Espetáculo**, **Eficiência**.

Nesse caso em particular, Katie se deu conta de que algo poderia ter que ser comprometido para garantir a segurança. Mas seu treinamento e a *classificação de prioridade* dos padrões de qualidade a prepararam para essa situação específica.

PADRÕES DE QUALIDADE OU DEMISSÃO!

Os líderes da Disney selecionaram cuidadosamente os padrões de qualidade, ou as Quatro Chaves, do sucesso da companhia a partir do que os visitantes esperavam da organização. Se você perguntasse aos visitantes por que eles tinham escolhido a Disney, a grande maioria elegeria "Cortesia" como seu fator de decisão. Eles amam os membros do *cast* sorridentes e simpáticos, bem como a limpeza do local. Além disso, os visitantes adoram os shows, os fogos de artifício e a atenção aos detalhes, e sempre desfrutam da experiência inigualável e dos processos simples. Quanto à Segurança, os visitantes raramente a mencionam, pois ela é considerada "presumida". No entanto, a organização Disney optou por tornar "Segurança" um padrão de qualidade, devido ao enorme volume de visitantes e à complexidade das operações dos parques temáticos. Além disso, nenhum dos prazeres de passar férias no Walt Disney World seria possível se a segurança estivesse comprometida de alguma forma!

Com base nessas descobertas, o nível de serviços da Disney visa a oferecer os quatro padrões – Segurança, Cortesia, Espetáculo e Eficiência – em todas as interações. Quando chega a hora de escolher um destino de férias, os visitantes podem esperar esses quatro padrões de qualidade. Isso torna sua escolha simples e fácil.

A vantagem para os líderes também é simples: quando funcionários da linha de frente, como Katie, estão totalmente preparados para tomar decisões imediatas e considerar todos os cenários possíveis, os líderes podem delegar o processo de tomada de decisão e tocar uma operação mais eficiente e confiável.

CLASSIFIQUE SEUS PADRÕES POR ORDEM DE PRIORIDADE

Histórias semelhantes à da família Lopez acontecem muitas vezes todos os dias no Walt Disney World. Se você já participou de um meet-and-greet com um personagem, com certeza já percebeu que a fila pode ser bastante longa. Quando seus filhos por fim conhecem o Mickey pessoalmente, um fotógrafo da Disney estará no local para capturar o momento mágico em uma foto que você poderá comprar on-line por 15,99 dólares. No entanto, você também pode usar sua própria câmera, e os membros do *cast* costumam se oferecer para bater a foto para que você possa aparecer nela também. Por quê? Porque a cortesia *supera* a eficiência na lista de padrões, mesmo quando atrasa todo o processo e reduz os resultados da Disney. A cortesia é um compromisso que a Disney assumiu com seus visitantes sempre e quando possível. É isso que alimenta a lealdade dos visitantes, e é um fator decisivo na hora de escolher o destino das férias. Mesmo que não conheçam os padrões de qualidade da Disney, os visitantes se lembram especificamente de como se sentiram quando um membro do *cast* sacrificou a Eficiência (e a lucratividade) em favor da Cortesia e, no longo prazo, esse investimento paga grandes dividendos.

A companhia selecionou e classificou cuidadosamente esses padrões de qualidade *por ordem de prioridade* para facilitar os processos de tomada de decisão. Todos os membros do *cast* os conhecem e, quando solicitado, os listarão em ordem de importância: Segurança, Cortesia, Espetáculo e Eficiência.

Tudo se resume a comportamentos!

Voltando à situação da família Lopez: Katie, membro do *cast*, soube imediatamente o que estava em primeiro lugar. Os visitantes que estavam aguardando provavelmente se inquietaram com o atraso e deram aos membros do *cast* um suspiro coletivo de irritação. Da mesma forma, aqueles que já estavam na atração tiveram a apresentação interrompida, mas, se um acidente acontecesse com a avó, as consequências teriam sido muito piores. Sendo membro do *cast*, Katie não precisou telefonar para um líder ou perguntar aos colegas. No primeiro dia de seu treinamento, Katie aprendeu a importância das Quatro Chaves como essencial para a interação de cada um dos hóspedes.

O que me leva ao próximo ponto: ter padrões de qualidade é essencial para o sucesso de qualquer organização, mas só fará a diferença se os comportamentos que os embasam forem definidos de maneira nítida e clara – por três razões principais.

Primeiro, seria inútil dizer aos funcionários que apresentassem padrões de qualidade se eles tivessem que interpretar à sua maneira quais seriam os comportamentos adequados. Quem sabe, por exemplo, qual é o seu patamar pessoal de "Segurança"? O que eles consideram um comportamento "Cortês"? Qual é a interpretação deles para "Espetáculo"? E pode lhes faltar perspectiva para avaliar o que é "Eficiente". Então, cabe ao líder e à organização ter clareza e apresentar os detalhes do que é apropriado ou não.

Segundo, os padrões de qualidade se traduzem de modo diferente de um departamento para outro. Em uma loja de varejo, a "Segurança" pode exigir que os funcionários dobrem os joelhos ao levantar itens pesados ou que evitem um aspersor de água ao armazenar caixas. Em Alimentos e Bebidas, a lavagem frequente das mãos é essencial para manter os requisitos sanitários do ramo alimentar. No departamento de Recursos Humanos, a Segurança implica que todas as informações dos funcionários sejam mantidas em sigilo. No departamento de TI, queremos nos certificar de que o sistema da organização não possa ser hackeado – e assim por diante.

Por último, mas não menos importante, comunicar as expectativas específicas de comportamento é essencial nas diferentes forças de trabalho de hoje. Durante minha carreira, aprendi que culturas diferentes podem ter interpretações muito contrastantes quando se trata da conduta dos que lhes prestam serviços. Como vice-presidente do Epcot, eu tinha a responsabilidade singular (ainda que gratificante) de gerenciar o World Showcase de onze países diferentes. Eu não apenas tinha que estar atento à sensibilidade de cada nacionalidade, mas também entender suas singularidades. Por exemplo, os membros japoneses do *cast* nunca vão dizer "não" diretamente a um pedido e poderão se envolver em longas ofertas de alternativas que podem desconcertar um cliente norte-americano. Os integrantes japoneses da equipe têm um profundo senso de hospitalidade e oferecem serviços excelentes aos clientes. No entanto, lidar com situações únicas e oferecer serviços personalizados de forma improvisada pode ser mais desafiador se eles não tiverem diretrizes claras. Os funcionários chineses têm uma tolerância diferente para o espaço interpessoal e tendem a ficar perto demais das pessoas em locais públicos. Já os membros do *cast* de culturas latinas (mexicanos, italianos) são muito expansivos e tendem a fazer contato físico ao expressar seus cuidados e sua afetividade. Alguns norte-americanos julgam os garçons e garçonetes franceses indiferentes ou desrespeitosos pela maneira como são diretos. (Um pedido incomum pode ser imediatamente rebatido com um *"C'est pas possible!"* [Não é possível!]). Um garçom francês foi treinado para ser eficiente e discreto, nunca interromper um jantar e, mais importante, nunca levar a conta, a menos que tenha sido solicitada.

Qualquer um dos comportamentos citados pode fugir daquilo que os norte-americanos consideram cortês. Embora apropriados em seus respectivos países, descobri que esses comportamentos não estavam alinhados à concepção e às expectativas da clientela norte-americana, sem mencionar a abordagem da Disney quanto aos serviços. Com isso em mente, tornou-se imperativo que definíssemos os comportamentos específicos que amparavam os padrões de qualidade implementados. Garantíamos que esses comportamentos detalhados fossem transmitidos aos membros do *cast* durante o treinamento.

O ingrediente essencial para selecionar e implementar com êxito os padrões de qualidade está nos detalhes. Primeiro, entender exatamente o que os clientes esperam; depois, classificar os padrões de qualidade por ordem de prioridade para permitir que as decisões sejam tomadas com rapidez; por fim, expor os comportamentos precisos que são esperados dos funcionários da linha de frente por meio de treinamento amplo, reconhecimento e aconselhamento.

ACELERE
SEUS RESULTADOS

Estas são lições essenciais sobre padrões de qualidade:

- Crie padrões de qualidade que façam sentido para sua organização e que reflitam as expectativas de seus clientes ou visitantes. Eles devem ser relevantes e priorizados por ordem de importância.
- Depois que seus padrões de qualidade forem estabelecidos, examine cada papel na sua organização e determine os comportamentos específicos que são necessários para cumpri-los.
- Certifique-se de que seus padrões de qualidade permeiem todas as tomadas de decisão em toda a empresa.
- Incorpore seus padrões de qualidade e os comportamentos deles decorrentes a seu programa de treinamento, assim como todas as formas de reconhecimento e avaliação de desempenho.

Capítulo 13

Treinamento

Em 2006, completei minha corrida de seis anos no ramo hoteleiro da Walt Disney World e voltei para os parques temáticos, especificamente como gerente-geral de Merchandising do Magic Kingdom. Consultei meu manual de "testado e comprovado" de como começar em um novo emprego e comecei a fazer treinamentos em todas as áreas da operação de Merchandising. Meu objetivo era poder entrar na Emporium – a loja da Main Street do parque, responsável por 25% das vendas de Merchandising do Magic Kingdom – e poder operar um caixa para ajudar nos horários de maior movimento.

Durante o treinamento, mergulhei no negócio de varejo: onde encontrar produtos, como efetuar um reembolso ou uma troca, como fazer o fechamento no final do dia... Conheci os diferentes locais de varejo e os membros do *cast* e líderes de todas as áreas de Merchandising do parque. Enquanto fiz isso, identifiquei tanto nossos pontos fortes quanto as oportunidades de melhoria. Também pude avaliar o processo de treinamento de novos membros do *cast* de Merchandising. Nada é mais valioso e revelador do que viver a experiência pela primeira vez!

No final, preenchi uma pesquisa sobre minha experiência de treinamento, como fazem todos os novos membros do *cast*.

Passaram-se seis meses. Estávamos tendo dificuldades com nossas avaliações de satisfação de clientes no quesito merchandising. Li as respostas da pesquisa e tentei descobrir onde estava o problema. Uma classificação em particular chamou minha atenção: "O membro do *cast* com quem você interagiu foi simpático e útil?". A pontuação foi mais baixa do que eu julgava que deveria ser.

Eu passava regularmente pela operação e observava nossos funcionários fazendo um bom trabalho cumprimentando os visitantes quando eles entravam nas lojas. Os membros do *cast* sorriam, prestavam atenção às crianças e, em geral, eram atenciosos. Pensei em meu próprio treinamento e me senti bem com a maneira como meu treinador tinha sido um modelo das expectativas: ele era simpático com os visitantes e se envolvia sempre que possível. Então qual era o problema? Em busca de uma resposta, fui conversar com Kalissa, uma de nossos maiores líderes de Merchandising e excelente parceira de ideias. Compartilhei minhas descobertas com ela e pedi sugestões. Obviamente, Kalissa também estava pensando nisso. "Dan, você acha que simpático e prestativo são a mesma coisa?" Eu soube imediatamente que ela havia percebido alguma coisa.

DESENVOLVA SEU TREINAMENTO COM BASE
NA EXPERIÊNCIA QUE SEU CLIENTE ESPERA TER

Com muita frequência, desenvolvemos programas de treinamento baseados exclusivamente naquilo que a operação exige: como operar um caixa, cozinhar alimentos, dirigir um veículo ou limpar um quarto – e logo nos esquecemos do que vem depois. Na situação anterior, estávamos concentrados em criar a interação certa entre o funcionário e os visitantes, mas não necessariamente preparando nossos membros do *cast* para ajudar a encontrar o item que os clientes queriam comprar. Então estávamos treinando nossos membros do *cast* para oferecer Cortesia, mas omitimos o treinamento para Eficiência. Os membros do *cast* não sabiam onde encontrar produtos que estavam fora de estoque ou sugerir alternativas e com isso estavam deixando os visitantes frustrados.

Quando investigamos a questão, percebemos que nossos visitantes concordavam que éramos "simpáticos", mas não consideravam nossos membros do *cast* "prestativos" – daí a má classificação. O treinamento não foi bem-sucedido em atender às expectativas do visitante em relação ao serviço. Também percebemos que, antes de tudo, não tínhamos as ferramentas certas para os membros do *cast* prestarem esse serviço. Claramente, faltava ao nosso programa de treinamento um componente essencial daquilo que nossos visitantes esperavam. Por fim, suprimos a lacuna e equipamos nossos membros do *cast* com iPads para que pudessem localizar produtos por todo o complexo e ajudar os visitantes a encontrar suas desejadas lembranças.

Essa experiência me proporcionou uma profunda compreensão dos requisitos de um programa de treinamento bem-sucedido: quando feito corretamente, deve oferecer aos futuros funcionários todas as ferramentas necessárias para prestar o serviço *com base nas expectativas dos clientes*. Quanto à realização de pesquisas com clientes, precisamos fazer perguntas pontuais para obter feedbacks realistas e globais.

CRIE UM TREINAMENTO ABRANGENTE

Quando concentramos o treinamento excessivamente na parte técnica do trabalho, o futuro funcionário tende a se esquecer daquilo que deve alcançar. Na Disney, esse objetivo era criar mágica.

Uma maneira eficaz de criar um ótimo programa de treinamento é oferecer as informações por meio do filtro de nossos objetivos comuns e dos padrões de qualidade. Por exemplo, antes de manusear alimentos, os funcionários de Alimentos e Bebidas devem lavar as mãos até terminarem de cantar "Parabéns pra você". Se eu estivesse oferecendo o treinamento, lavaria minhas mãos, depois pediria aos futuros funcionários que lavassem as suas para me certificar de que tivessem entendido o conhecimento técnico e depois os lembraria da chave Segurança, para que gravassem a importância da lavagem das mãos.

Na Disneyland Paris, a equipe que treina os membros do *cast* para dirigir os veículos na Main Street tinha uma ótima abordagem. O primeiro dia de treinamento era concentrado apenas no papel dos membros do *cast* como cidadãos da Main Street – como interagir com os visitantes (como parte do nosso padrão de Cortesia); como criar brincadeiras e momentos mágicos para as crianças; a história da Main Street e as especificidades dos carros antigos que eles dirigiriam (como parte do nosso elemento Espetáculo). Em outras palavras, eles aprendiam toda a história do cenário em que desempenhariam seu papel. Os dois dias seguintes eram concentrados no lado técnico e procedimental de embarcar, desembarcar e dirigir os veículos de fato (como parte de nossos padrões de Segurança e Eficiência). O esquema do treinamento no primeiro dia enfatizava a importância de entreter os visitantes – seu *propósito comum*, enquanto o treinamento nos dias dois e três enfatizava como de fato operar os veículos – o *papel* deles.

COM HABILIDADES TÉCNICAS, A PRECISÃO IMPORTA

Mandar funcionários não treinados realizar seu trabalho é injusto – isso pode prejudicar sua confiança nos primeiros dias em seu emprego e colocar a organização em risco. Quando falava com novos funcionários durante discussões em mesas-redondas, percebia com frequência uma discrepância entre o treinamento que eles tinham acabado de receber e o que de fato acontecia na operação.

Havia duas razões possíveis para isso: ou o manual de treinamento estava desatualizado e era irrelevante (os manuais nem sempre eram atualizados a tempo); ou o responsável pelo treinamento não acreditava que o procedimento documentado fosse a melhor ou mais eficiente maneira de realizar o trabalho e oferecia o treinamento "do seu jeito". Isso pode ter consequências terríveis.

Tome como exemplo o processo de "bloquear/etiquetar". Sempre que a equipe de Engenharia estava trabalhando em algum equipamento, era obrigada a bloquear o disjuntor com um cadeado físico. A função disso era impedir a ativação do disjuntor durante o trabalho de manutenção, o que poderia causar eletrocussão. Vamos imaginar que, porque "bloquear" torna o trabalho mais longo e como ninguém nunca foi eletrocutado, agora tornou-se prática comum apenas pregar um bilhete no disjuntor. Os funcionários novos, que logo passam a seguir os funcionários mais antigos, começam a adotar a mesma abordagem. Então, um dia, o bilhete cai, uma pessoa vira o disjuntor e aciona a força, sem saber que alguém está trabalhando ali. Esse é um exemplo extremo com consequências extremas, mas é assim que as medidas de segurança se deterioram gradualmente. Como líder, você precisa se certificar de que os responsáveis pelos treinamentos e os funcionários da operação entendam que existe *apenas uma maneira de executar* qualquer procedimento. Se algo puder ser aprimorado ou executado com mais eficiência, ótimo – envie a proposta para aprovação e altere a documentação para que seja feito de maneira diferente. Mas o ponto principal, aqui, é que você deve insistir na consistência absoluta entre o processo de treinamento e o que é praticado na operação.

"A única coisa pior do que treinar funcionários e perdê-los é não os treinar e mantê-los."
ZIG ZIGLAR

AVALIE A COMPETÊNCIA

O estágio final de qualquer treinamento deve confirmar que o futuro funcionário *aprendeu* e compreendeu de forma completa todas as informações necessárias e, o mais importante, que o futuro funcionário é *capaz de executar as* várias tarefas. Alguém sem ligação com aquele que oferece o treinamento – de preferência um líder – deve realizar essa avaliação.

Na Disney, chamávamos isso KAPAS (na sigla em inglês: Avaliações de Conhecimento e Avaliações de Performance). No fim do treinamento, o responsável agendava um horário para o futuro funcionário e o líder da linha de frente sentarem e discutirem o treinamento.

O líder primeiro fazia uma série de perguntas ao futuro funcionário sobre o manual de treinamento.

Por exemplo:

- "Me diga como efetuar um reembolso."
- "Se vir um visitante ou colega membro do *cast* deitado no chão, o que deve fazer?"
- "Se ouvir um barulho estranho enquanto despacha trens em sua atração, o que você faz?"
- "Qual é a saudação para este local?"
- "O que você deve fazer se encontrar uma criança perdida?"
- "Cite os alergênicos a que precisamos estar atentos em Alimentos e Bebidas."

Como você pode ver, algumas perguntas eram específicas para o papel que o membro do *cast* desempenharia e outras eram de praxe para todos os funcionários do parque, independentemente da área de trabalho.

Em seguida, o membro do *cast* passava por uma avaliação de desempenho. Ele devia demonstrar que tinha aprendido os processos relevantes (fazer um reembolso, por exemplo). O líder o observava trabalhando durante um curto período para se certificar de que ele tinha entendido como desempenhar sua tarefa. Era um bom momento para o líder dar mais feedback, se necessário.

Às vezes, o resultado da avaliação de conhecimento/desempenho resultaria em mais um dia de treinamento ou, em casos raros, transferir o membro do *cast* para outra função. Na maioria dos casos, o líder declarava o membro do *cast* pronto para atuar de forma independente. O membro do *cast* recém-treinado também declarava que havia concluído o treinamento. Isso formalizava o processo e ajudava o novo funcionário a entender a importância de seu papel.

Em qualquer empresa, todos os funcionários devem ter os comportamentos e os processos que aprenderam no treinamento reavaliados regularmente. Isso pode parecer um passo lógico, no entanto é muitas vezes negligenciado. Assim como no exemplo do disjuntor, encontrei várias discrepâncias que apareceram gradualmente entre o que tinha sido comunicado durante o treinamento e o que de fato acontecia na operação.

Com o tempo, todos adquirimos maus hábitos. Pense em quantas vezes você se esquece de dar a seta quando está dirigindo. Você foi treinado para usá-la, mas se tornou complacente e, eventualmente, negligente. O mesmo acontece nos negócios. Com frequência, funcionários experientes desenvolvem maus hábitos dos quais são modelos. Antes que você perceba, os novos funcionários estão fazendo como eles.

Seja qual for o processo de avaliação que você utilize (auditorias de líderes, avaliações ou programas de compradores anônimos, para citar alguns), ele deve examinar os comportamentos e avaliá-los em relação ao treinamento que é oferecido.

ACELERE SEUS RESULTADOS

Os melhores programas de treinamento são desenvolvidos levando em consideração o seguinte:

- Treinamento é um investimento, não um custo. Certifique-se de que seja detalhado e completo.
- O treinamento precisa se basear nos requisitos técnicos do papel, assim como nos padrões de qualidade e comportamentos correspondentes.
- O treinamento deve ser alinhado ao longo do processo – de diretrizes operacionais padrão e material de treinamento até execução e avaliação do treinamento. Se sua empresa alterar um procedimento ou padrão, todas os segmentos do processo deverão refletir essa mudança.

Capítulo 14

Desenvolvimento

Enquanto eu me preparava para deixar a Disney em março de 2018, a companhia já tinha por volta de meia dúzia de candidatos para o emprego, graças ao seu ótimo programa de desenvolvimento e à preparação constante para o futuro. A companhia logo anunciou Jason Kirk, um engenheiro industrial de formação que tinha muita experiência no parque como gerente-geral, como meu merecedor sucessor. Na época, Jason era o vice-presidente de transportes do Walt Disney World e tinha manifestado interesse em ser transferido para o papel de vice-presidente do parque. Isso permitiu uma seleção rápida, e Jason e eu pudemos trabalhar juntos para fazer a transição antes da minha saída. Para manter um processo de desenvolvimento tão eficiente assim, é necessário ter disciplina e visão de futuro.

NO LONGO PRAZO

O desenvolvimento é diferente do treinamento. Embora o treinamento transmita habilidades que beneficiam imediatamente a organização, o desenvolvimento permite que o indivíduo cresça durante um longo período.

Como em um jardim, você planta uma semente; fertiliza essa semente oferecendo oportunidades de desenvolvimento na forma de aconselhamento, mentoria e rotação de cargos e então você a deixa florescer. Para manter as pessoas felizes, satisfeitas e engajadas, os líderes devem oferecer aos membros da equipe a oportunidade de expandir seus conhecimentos e aprofundar sua carreira. Por fim, cuidar do desenvolvimento das pessoas irá garantir o bem-estar da sua organização. À medida que as oportunidades surgirem, você deve ter um grupo de funcionários que esteja pronto para avançar, porque você cultivou o potencial deles.

Nosso objetivo na Disney era ter uma lista de sucessores para cada cargo de nível executivo e sênior da organização – uma tarefa nada fácil. Mantivemos essa lista atualizada para que, quando alguém saísse ou fosse promovido, pudéssemos examinar a lista e considerar esses candidatos para garantir uma transição rápida. No meio-tempo, prepararíamos os sucessores em potencial com novas experiências, aulas e outras oportunidades enriquecedoras.

LÍDERES EMERGENTES

Para ocupar cargos de nível superior na Disney, também identificávamos e informávamos candidatos promissores, que entrariam no grupo de "Líderes Emergentes". Oferecíamos constantemente a eles oportunidades de expandir seus conhecimentos por toda a organização, durante meses ou até anos. Meu conselho para jovens líderes promissores sempre foi o mesmo: seja curioso, aprenda, aprenda, aprenda e lembre-se de que não se trata apenas de quem você conhece, mas principalmente de quem conhece você – portanto se exponha sempre que possível. Conheça pessoas, faça contatos, voluntarie-se para novas tarefas e desafie-se a sair da sua zona de conforto. Depois de formalizar o processo de seleção de liderança, exigíamos que os candidatos assistissem a determinadas aulas para se prepararem para os cargos.

Tinha muita satisfação em ver os líderes que haviam começado de baixo em uma de minhas equipes crescerem na empresa. Sempre considerei o desenvolvimento de líderes uma prioridade e esperava que isso fosse um reflexo do meu estilo de liderança. Eu também sabia muito bem que, se meus subordinados diretos de alto desempenho não tivessem a chance de crescer, eles iriam embora. Além disso, eu estava devolvendo o favor que me fora concedido por 26 anos, desde minhas primeiras atribuições como funcionário do estacionamento no Epcot e ao longo dos dezenove cargos diferentes que vieram depois.

TORNE O DESENVOLVIMENTO UM OBJETIVO DE PERFORMANCE

O desenvolvimento era um processo contínuo na Disney e permeava todos os níveis da organização. Cada líder precisava estabelecer seu próprio caminho de desenvolvimento, o qual a Disney formalizaria como parte da avaliação anual de desempenho. Assim, um líder seria classificado não apenas com base em desempenho (resultados de negócios e comportamentos de liderança), mas também com base em realizações de desenvolvimento pessoal. Quando fazia as avaliações anuais de meus subordinados diretos, me certificava de que eles tinham um plano de desenvolvimento. Eu queria conhecer suas aspirações de carreira, necessidades de aprendizado e interesses para ajudá-los a se prepararem para papéis futuros. Além disso, o ônus deles era o de se desenvolverem. Embora nem todos fossem promovidos a funções com maior escopo e responsabilidade, isso não significava que não deveriam ter um plano de desenvolvimento. Como líder, você deve sempre incentivar as pessoas a aprender e a se aprimorar, independentemente de aspirações futuras.

As companhias costumam negligenciar – ou até ignorar completamente – o processo de desenvolvimento porque ele não corresponde a uma necessidade imediata. No entanto, os funcionários de alto desempenho que não enxergam um caminho para seu futuro irão embora e encontrarão a felicidade em outro lugar.

Um bom programa de desenvolvimento permite que as empresas sejam mais ágeis e reduz o tempo necessário para transferir candidatos qualificados para novas funções. Isso também reduz a rotatividade, e um pessoal mais experiente é mais produtivo, o que reduz os custos de recrutamento e treinamento.

ACELERE
SEUS RESULTADOS

Integre o desenvolvimento à sua organização:

- Garanta que todos na sua organização, independentemente do nível ou do potencial, tenham um plano de desenvolvimento. A avaliação do desenvolvimento pessoal deve ser parte da avaliação de desempenho.
- Entre em acordo a respeito do plano de desenvolvimento por meio de esforço colaborativo com o subordinado direto. No entanto, ele deve ser formulado e partir sobretudo do subordinado direto.
- O plano de desenvolvimento deve refletir as competências de que o subordinado direto irá precisar para cargos futuros, bem como as competências que serão exigidas pela empresa.

Capítulo 15

Avaliação

A avaliação é uma questão complicada. Com frequência, as coisas fáceis de avaliar não são importantes e não é possível avaliar com facilidade as coisas que têm mais importância. Nossas avaliações podem incentivar comportamentos não intencionais. Às vezes implementamos tamanha infinidade de medidas abrangentes que criamos uma dinâmica de "Quando tudo é importante, nada é importante". Aqui, vamos explorar casos em que a avaliação funcionou e outros em que falhou miseravelmente.

CUIDADO COM AS CONSEQUÊNCIAS NÃO INTENCIONAIS

No fim dos anos 1990, a Disney decidiu reduzir de maneira mais efetiva o desperdício de alimentos e bebidas, em parte ao vincular o bônus dos *chefs* executivos a seu custo de vendas. Toda a atenção estava nessa avaliação específica, o que resultou em algumas consequências não intencionais. Para ganhar seu bônus, os *chefs* cortaram custos usando produtos de menor qualidade, simplificaram cardápios e usaram o mesmo ingrediente em várias receitas. Eles conseguiram de fato economizar, mas as pesquisas de satisfação dos clientes sofreram um grande abalo. Ao colocar muito peso nessa avaliação em particular, causamos, inadvertidamente, uma queda na qualidade das refeições e a receita diminuiu.

INDICADORES PASSADOS *VERSUS* INDICADORES PRINCIPAIS

Com muita frequência, enfatizamos as avaliações erradas. Vamos usar Segurança, o padrão de qualidade mais importante da Walt Disney

World, como exemplo. A maioria das empresas usa a classificação da OSHA (na sigla, em inglês, Administração de Saúde e Segurança Ocupacional), que avalia o número de acidentes que requerem mais do que primeiros socorros como uma porcentagem do total de horas trabalhadas, assim como a porcentagem de horas perdidas, dias longe do trabalho e remuneração dos trabalhadores, entre outros fatores. No entanto, o foco nessas avaliações – que são importantes de rastrear e entender – não melhora o resultado, porque são indicadores do passado e relatam apenas o que já aconteceu. Para melhorar a segurança, precisamos ir adiante e examinar os comportamentos e a cultura que podem estar causando acidentes. O que descobrimos na Disney foi que, ao avaliar a cultura, poderíamos começar a avaliar quão proativos nós éramos em termos de segurança *antes* que os acidentes ocorressem.

Primeiro, observamos como os executivos e gerentes demonstravam ter compromisso com a Segurança. Se, como vice-presidente do Magic Kingdom, eu não falasse sobre segurança, incluísse itens de segurança nas pautas das minhas reuniões, fizesse caminhadas para verificar a segurança e respondesse rapidamente aos feedbacks sobre condições inseguras, não poderia esperar que minha equipe priorizasse a Segurança.

Como mencionei, se fazer de exemplo é a forma mais poderosa de mostrar quais são as prioridades. Portanto, durante as avaliações de desempenho e as interações com meus subordinados diretos, eu perguntava a cada gerente-geral sobre as iniciativas de segurança para cada área de sua responsabilidade. Se eles tivessem desenvolvido um plano de comunicação claro e entendessem as principais áreas de risco em seu departamento, eu poderia ficar bastante certo de que as taxas de acidentes seriam inferiores à média.

Reuniões mensais constantes de segurança com os membros do *cast* da linha de frente foram outra medida importante. Nessas reuniões, podíamos compreender e acompanhar os problemas que surgiam e, posteriormente, passar os resultados de volta aos funcionários.

A última medida foi um relatório de "quase acidente". Muitas vezes, a diferença entre um acidente e um quase acidente é apenas sorte e tempo. Para fortalecer a cultura de Segurança Disney, treinamos nossas equipes para tratar um quase acidente como um acidente, com o mesmo senso de urgência. Por exemplo, se um membro do *cast* escorregasse na cozinha e quase caísse, mas conseguisse manter o equilíbrio e não se ferir, ainda assim pedíamos que preenchesse um relatório de quase acidente. Quais eram as condições quando ele quase caiu? O chão estava molhado? Ele estava correndo porque estava com pressa? Submetíamos esses quase acidentes para a revisão do comitê de segurança local a cada mês. Em seguida, a equipe melhorava as condições do ambiente de trabalho para evitar acidentes futuros – nesse caso, fixando uma película aderente ao chão ou adicionando um item ao checklist sobre secar o chão com mais frequência.

Aqui está outra boa prática a adotar.

Um dia, os executivos do Walt Disney World pediram aos líderes seniores que participassem de uma teleconferência sobre um assunto urgente. O vice-presidente de Segurança anunciou que visitantes haviam acabado de perder a vida em um passeio de tobogã aquático em um parque temático australiano. Fiquei confuso por alguns minutos. Eu tinha certeza de que não tínhamos uma Disney na Austrália. *Por que estávamos falando sobre isso?* A reunião tratou das possíveis causas do acidente nesse caso em particular. A próxima pergunta era se tínhamos tobogãs aquáticos em nossos parques temáticos fabricados pela mesma empresa e se havia qualquer risco de alguma calha que descia pelo tobogã virar. *Esse* é um sinal de uma cultura de segurança de primeira! Um incidente acontece do outro lado do mundo em um parque temático concorrente e, em vez de ficarmos aliviados por não ter acontecido no nosso, fazemos uma teleconferência para determinar se algo igual poderia acontecer conosco. Um quase acidente de fato!

Portanto, se você deseja melhorar seu desempenho, passe a se concentrar *nos indicadores do passado* (resultados) e *nos indicadores principais* que têm impacto sobre os comportamentos.

TEMPO REAL

Outro dos principais critérios de avaliação eficaz é a importância de operar em tempo real. Como mencionado anteriormente, se nos concentrarmos constantemente nos indicadores passados de desempenho, vamos ficar para trás e perder a oportunidade de corrigir os problemas.

Na Disney, éramos usuários ávidos do Net Promoter Score (NPS), uma ótima ferramenta para reunir feedbacks imediatos sobre nossa operação e a qualidade do serviço que fornecíamos. (Recomendo que busque no Google "NPS" para aprender mais sobre o processo.) O NPS permitiu que obtivéssemos feedback oportuno sobre nossas instalações, identificar desempenhos bons e maus em nossa operação e imediatamente reconhecê-los ou assessorá-los.

As ferramentas de avaliação em tempo real eram uma prioridade para a Disney, e ainda o são.

Por exemplo, o transporte de ônibus do Walt Disney World é uma parte importante da experiência geral, já que os hóspedes do resort viajam entre nossos hotéis e parques. Enquanto a equipe de transporte faz um excelente trabalho transportando dezenas de milhares de visitantes com segurança e eficiência diariamente, há momentos em que eles perdem de vista seus objetivos no padrão de serviço.

No passado, se um ônibus se atrasasse por causa do trânsito ou de um acidente, os hóspedes esperariam muito mais tempo para chegar aos parques, e quem sabe escreveriam uma carta reclamando sobre como perderam a reserva no restaurante, o show, a janela do FastPass, os fogos de artifício ou um meet-and-greet com seu personagem favorito. A essa altura, nossa única opção era oferecer um reembolso, ingressos grátis ou um desconto em uma visita futura. Ao lançarmos o My Magic Plus, no entanto, começamos a alavancar a tecnologia nas pulseiras, que servem como chaves do quarto, cartões de crédito, ingressos e FastPasses.

Acrescente dados em tempo real. Hoje, quando um hóspede com destino ao Magic Kingdom chega ao ponto de ônibus, um sensor detecta o RFID da Magic Band na área e um cronômetro começa a contar.

Se essa Magic Band, em particular, não embarcar em um ônibus dentro de determinado tempo, podemos presumir que o ônibus atrasou. Esses dados são enviados instantaneamente para o gerente de transporte do Magic Kingdom, que pode agora fazer com que sua equipe chegue com o ônibus, peça desculpas pela espera prolongada e corrija a situação no local, oferecendo FastPasses para compensar o tempo perdido.

Nem toda empresa tem esse tipo de tecnologia à disposição, mas há algumas maneiras mais simples de obter avaliações em tempo real. Por exemplo, cada gerente-geral dos vários resorts da Disney disponibiliza seu número de telefone pessoal aos hóspedes em uma carta que fica no quarto de hotel, na qual os convida a entrar em contato se houver algum problema. O número os conecta ao gerente de tarefas, que poderá sanar a situação na mesma hora, em nome do gerente-geral. Posteriormente, o problema passa por uma análise de causa, para que o resort possa logo corrigir o problema no processo (*veja exemplo na página seguinte*).

Não podemos melhorar o que não podemos avaliar.

ATRAVÉS DAS LENTES DOS SEUS PADRÕES DE QUALIDADE

Em qualquer organização, a estabilidade viabiliza a credibilidade e a eficiência. Como já discutido, todos os membros de sua equipe devem operar na mesma estrutura – um propósito comum e padrões claros de qualidade. Idealmente, você terá selecionado esses padrões de qualidade com base nas expectativas de seus clientes ou visitantes. Dentro do mesmo raciocínio, você deve ter um programa de treinamento que enfatize os comportamentos que embasam esses padrões de qualidade. O próximo passo lógico é avaliar o desempenho através das lentes dos padrões de qualidade.

Na Disney, sempre avaliávamos todos os quatro padrões de qualidade: Segurança (como descrito anteriormente), Cortesia, Espetáculo e Eficiência. O NPS e os programas de compradores anônimos nos deram uma boa ideia de nossos índices de cortesia:

- Você foi cumprimentado ao chegar?
- O membro do *cast* estava prontamente disponível?

Meu nome é Kelly Kline, gerente-geral do All-Star Sports Resort da Disney, e minha equipe e eu estamos aqui para ajudar a fazer com que sua estadia seja repleta de magia Disney! Queremos garantir que você tenha férias inesquecíveis no coração do Walt Disney World™ *Resort.*

Enquanto aproveita sua estadia, nossos Membros do Cast vão fazer de tudo para oferecer um serviço extraordinário. Se acontecer de você passar por alguma coisa que não julgue exatamente correta durante sua visita, por favor, entre em contato comigo. Garantir férias agradáveis para todos os hóspedes é algo da maior importância para nós. Por outro lado, se alguma coisa durante sua viagem lhe agradar imensamente ou se um de nossos Membros do Cast *causar uma impressão especial, eu adoraria ficar sabendo a respeito. Temos muito orgulho de agradecer aos Membros do* Cast *por um trabalho bem-feito.*

Se você desejar compartilhar sua opinião sobre sua estadia, por favor, entre em contato comigo por meio desta ferramenta diz.sv/sportstay *ou use o* QR *Code abaixo. Dê-nos a oportunidade de responder a seus comentários enquanto você ainda estiver conosco.*

Espero ansiosamente ter notícias suas e desejo a você a estadia mais mágica possível no All-Star Sports Resort da Disney.

Atenciosamente,

Kelly Kline,
gerente-geral
All-Star Sports Resort da Disney

- Ele/ela estava sorrindo?
- Ele/ela fez contato visual?

Avaliamos nosso padrão Espetáculo com auditorias pontuais com os líderes:

- O membro do *cast* estava usando crachá?
- A aparência dele estava de acordo com as diretrizes de cuidados da Disney?
- A área estava limpa e livre de detritos?

O departamento de Manutenção inspecionava pintura, concreto e luzes regularmente, enquanto os líderes de Zeladoria sempre inspecionavam a limpeza de banheiros e áreas – todos elementos importantes de Espetáculo.

Quanto à Eficiência, poderíamos comparar dados de varejo, restaurantes e atrações, para citar alguns, ao avaliar o desempenho em relação ao padrão de qualidade.

Isso pode parecer conhecido, mas muitas vezes obtemos avaliações que não estão alinhadas com o resultado desejado. Quanto maior a organização, mais "relatórios" obtemos. Cuidado com a avaliação excessiva. Atenha-se às avaliações mais básicas e significativas e, sobretudo, dê seguimento aos dados. É melhor ter poucas avaliações que você observa e aborda metodicamente do que ser enterrado sob uma pilha de dados sobre a qual ninguém faz nada.

ACELERE
SEUS RESULTADOS

Para uma avaliação ser eficaz:

- Ela deve acontecer em tempo real e lançar mão dos principais indicadores sempre que possível.
- Só porque você pode avaliar alguma coisa não significa que deva fazê-lo. Avalie apenas o que for relevante e importante.
- Tenha o mínimo possível de avaliações para permitir que você monitore sua organização com eficiência. Extraia os aprendizados e entre em ação.

Capítulo 16

Acessibilidade e disponibilidade

Um líder pode criar uma comunicação excelente com um único e simples ato: tornar-se acessível e disponível a todos na empresa. Quando me dei conta do valor de construir relacionamentos, isto se tornou meu objetivo diário. E sempre me lembrei de que pode ser intimidador para um funcionário da linha de frente ou um líder de nível básico interagir com um executivo, então eu me aproximava de todos com humildade.

Como muitos executivos da Disney, criei um número de correio de voz confidencial e o espalhei por todo o Magic Kingdom: em quadros de avisos, salas de descanso, no refeitório. Eu queria que todos os 12 mil membros do *cast* soubessem quem eu era e que eu estava disponível para falar com eles. Porém, tive que estabelecer algumas expectativas claras. Meu objetivo *não era* que todos os membros do *cast* me telefonassem por ocasião de cada problema ou ideia que tivessem. Então, os avisos apresentavam o número de meu correio de voz e uma mensagem mais ou menos assim:

"Olá, meu nome é Dan Cockerell e sou o vice-presidente do Magic Kingdom. Se a qualquer momento você sentir necessidade de me apresentar uma questão, estou disponível no meu correio de voz confidencial. Por favor, deixe uma mensagem e, se desejar que eu ligue de volta, deixe seu nome e número de telefone. Temos uma excelente equipe de liderança e, se você tiver alguma ideia, algum problema ou alguma pergunta, sugiro que procure primeiramente o seu líder direto. Mas estou sempre disponível se você sentir que precisa falar comigo diretamente. Obrigado por criar mágica!"

Quando as pessoas ligavam para o número do correio de voz, elas também eram instruídas a telefonar para o meu número de telefone pessoal se o assunto fosse de fato urgente. As pessoas achavam que eu era louco por permitir esse tipo de acesso. No entanto, em um lugar enorme como a Disney, a comunicação nem sempre flui bem ou rapidamente, e eu queria me certificar de que teria a oportunidade de me inteirar de uma questão, em vez de ficar sabendo dela por meio do Facebook, do Instagram, do jornal *The Orlando Sentinel*, do Departamento Estadual de Saneamento, do *Channel Nine News*, ou pior, do meu chefe.

As mensagens que recebia variavam de sugestões sobre como melhorar a experiência do visitante e questões de segurança a mensagens de agradecimento e do tipo "Você só pode estar brincando". Outras eram sobre a disfuncionalidade burocrática em relação ao pagamento e a outros processos administrativos, e outras ainda eram sobre conflitos interpessoais que o membro do *cast* estava tendo com colegas ou com a liderança.

Essa abordagem tinha duas armadilhas. A primeira é o que chamei de "passageiros frequentes". Alguns membros do *cast* decidiram que me ligariam a cada vez que se sentissem prejudicados de algum modo. Ou levantavam questões que claramente poderiam ser tratadas localmente, mas, em vez disso, gostavam da ideia de informar o vice-presidente do parque. Depois de uma série de telefonemas desse tipo, eu me encontrava com o membro do *cast* em questão, agradecia pelo contato e o fazia passar por novos treinamentos sobre como levantar questões – reforçando, sobretudo, a sempre dar a seus líderes a oportunidade de responder a elas primeiro.

A segunda armadilha foi a confiança em potencial que eu poderia perder de meus subordinados diretos ao aparentemente me exceder e microgerenciar situações de conflito. O perigo estava em ouvir uma história de um membro do *cast*, considerar o que ele me dizia ao pé da letra e bombardear de perguntas o gerente-geral do departamento envolvido, questionando, assim, sua capacidade de lidar com problemas.

Eu estava familiarizado com certa dinâmica de conflito por causa dos meus filhos ainda pequenos. Jullian irritava a irmã, Margot, a ponto de conseguir provocar uma reação. Ela batia nele, e ele nos informava do banco de trás do carro que ela tinha batido nele sem motivo. Então, na injustiça de todas as injustiças, Margot ficava encrencada por ter batido no irmão. O que aprendemos à medida que criávamos nossos filhos foi que, durante um conflito, existem fatos e percepções, e a culpa dificilmente é de uma pessoa só.

Isso se aplicava a algumas das ligações que eu recebia de membros do *cast*. Alguns deles diziam que seus líderes estavam favorecendo alguns membros do *cast* e que, infelizmente, eles não eram os favoritos! Outros me diziam que achavam que seus líderes estavam pegando no pé deles e responsabilizando-os mais do que os outros membros da equipe.

Rapidamente sentia que estar envolvido em tais assuntos poderia criar um problema com meus subordinados diretos, então preparei minha equipe com antecedência. Aqui está um resumo da minha mensagem para eles:

Temos 12 mil membros do cast. *Se você acha que nunca teremos conflitos, desacordos e discórdia em meio ao elenco, você está vivendo na Terra da Fantasia!*

Sou da opinião de que o elenco converse conosco em vez de com outras pessoas sobre seus problemas. Vejo isso como uma grande oportunidade para criarmos confiança por meio de nossa disposição de ouvir e atuar.

Só porque alguém me telefona não significa que a pessoa está certa. No entanto, significa que ela tem uma preocupação. Ouvirei os problemas dela e deixarei claro que preciso entender a história toda antes de apresentar um ponto de vista.

Faço parte dessa equipe de liderança e sou o responsável final por toda a experiência do cast. *Como tal, me considero um par de olhos e ouvidos adicional para ajudar a tornar todos nós bem-sucedidos.*

Se um membro do *cast* deixasse uma mensagem e permanecesse anônimo, eu encaminhava, sem julgamento, a mensagem ao líder competente para que ele investigasse se havia realmente um problema ou uma sugestão de valor a ser implementada. Se a mensagem estivesse dentro de uma tendência, eu pediria ao gerente-geral que procurasse saber o que a corroborava.

Se um membro do *cast* deixasse uma mensagem informando seu nome e um número de telefone, eu ligava de volta pessoalmente e discutia a questão a fundo. Eu sempre perguntava se a pessoa já tinha levantado a questão com seu líder direto. Se não tivesse feito isso, eu a ajudava a encontrar maneiras de abordar a questão nesse nível.

Não importava qual era o problema, se eu concordava ou não, sempre agradecia a pessoa por me contatar e a incentivava a continuar se expressando. Nas reuniões e na minha interação com os funcionários do parque, eu fazia questão de mencionar as ligações valiosas que recebia, incentivando, assim, outras pessoas a se expressarem.

Ao permitir esse nível de abertura, fomos capazes de ouvir muito mais vozes e de enxergar além das aparências do que estava acontecendo no parque. Além disso, como eu estava dando o exemplo em minha disposição de estar acessível a todos, o restante da equipe de liderança começou a reproduzir esses comportamentos – alguns para se tornarem melhores líderes e outros, suponho, por autopreservação. Se eles não ouvissem e resolvessem as questões, havia uma boa chance de o membro do *cast* levá-la ao nível seguinte ou, eventualmente, para mim.

"O poder cria distâncias. Líderes preenchem as lacunas."
PHIL WILSON

NÃO DEIXE A COMUNICAÇÃO AO ACASO

Enquanto trabalhava nos vários resorts e parques temáticos da Disney, percebi que as melhores ideias, as preocupações certas e os apelos mais apaixonados nem sempre faziam parte da linha de comando. Também aprendi que, se as questões não forem abordadas internamente, com a liderança, elas poderão ser compartilhadas externamente com facilidade, com todos! (Pense no Facebook, no Twitter, nos jornais e canais de TV regionais.)

Não é frequente que questões internas da empresa fervilhem e ultrapassem os muros da companhia, mas, quando isso acontece, é uma ameaça para a marca.

Durante meu período na Disney, também aprendi como era importante que todos tivessem voz. Quão frustrante é quando você tem uma ideia, quer melhorar ou consertar alguma coisa e ninguém escuta? Muito frustrante!

Então, ser alguém acessível e disponível se tornou meu objetivo. Todos os dias, esse objetivo estava em minha mente, dos lugares onde eu aparecia e onde almoçava até minha postura enquanto andava pelo parque. Tudo o que fazia sinalizava: "Estou animado por estar aqui e quero ouvir suas ideias!".

Ser acessível e disponível como líder tem muitas vantagens e algumas desvantagens. O lado bom supera em muito o ruim!

Vamos começar com as desvantagens. Primeiro, você precisa estar "ligado" a maior parte do tempo. Tudo o que lançamos verbal e não verbalmente deve ser convidativo. Vamos chamar isso de primeira impressão. Os funcionários já ficam com o pé um pouco atrás de falar com você, só por causa do seu cargo. Para lançar a ideia de liderança humilde, sua mensagem deve ser a de que os funcionários e suas preocupações são mais importantes do que qualquer coisa que os líderes estejam fazendo. Esse comportamento tem o benefício de ser verdadeiro. Os funcionários apresentam melhor desempenho, nós obtemos melhores resultados e somos responsabilizados pelos resultados que obtemos!

Estar "ligado" requer muita energia, autoconsciência e determinação. Não podemos nos dar ao luxo de ter dias ruins ou momentos de hostilidade. É assim que muitas reputações são prejudicadas ou destruídas.

A segunda desvantagem é que recebemos muitos telefonemas, e-mails e mensagens. Com frequência, nossa primeira reação costuma ser direcioná-los ao gerente, e essa pode muito bem ser a solução final, mas precisamos ter paciência para ouvir o problema ou a ideia de maneira respeitosa.

A última desvantagem é o risco de ser considerado o único capaz de resolver problemas na organização. Se uma pessoa nos telefona e resolvemos seu problema, acabamos pulando a equipe de gerenciamento e, potencialmente, criando uma lacuna em sua credibilidade com o funcionário. Todos os líderes ficam bastante nervosos quando seus funcionários estão telefonando para pessoas alguns degraus acima deles na escada organizacional.

Pelo lado positivo, você ouve a verdade mais rapidamente, o que permite reagir de pronto e corrigir o curso, se necessário. Eu chamo isso de acabar com a burocracia. Além do mais, você dá um exemplo que pode ser reproduzido em outros níveis da organização. Mas a realidade é que temos aqui um dilema! Não há resposta certa. Como trabalhamos no quadro organizacional para dar conta da tarefa, e, às vezes, o ignoramos para conversar com todo mundo e qualquer um em nossas companhias? Não é fácil, mas, rapaz, quando fazemos o que é certo, é extremamente eficiente para criar melhorias na experiência de nossos funcionários e clientes.

ACELERE
SEUS RESULTADOS

Considere estes insights essenciais nas questões de acessibilidade e disponibilidade:

- Se você tiver um assistente, converse com ele ou com ela sobre passar de porteiro severo a recepcionista simpático.
- Reserve um horário em sua agenda para circular e conversar com os funcionários da sua empresa. Certifique-se de que está sendo acolhedor em relação àquilo que ouve.
- Com frequência, faça suas refeições no refeitório com seus funcionários.
- Dê às pessoas seu número de telefone e e-mail e incentive-as a entrar em contato se houver necessidade.
- Agradeça sempre às pessoas por entrar em contato com você, se puder ajudá-las ou não.

Capítulo 17

Parceria e colaboração

No fim de 2017, assisti a um vídeo de uma das centrais de distribuição da Amazon. Como você pode imaginar, esses armazéns são altamente eficientes e combinam em sua operação funcionários e uma variedade de robôs para lidar com tantos produtos e atender aos milhões de pedidos feitos todos os dias. O piso do armazém contém pequenos QR Codes para ajudar os robôs a se deslocarem por entre os corredores e retirarem os itens corretos das prateleiras.

Ver o vídeo me deu uma ideia. Como vice-presidente do Magic Kingdom, eu era responsável pelo que acontecia não apenas *dentro* do parque, mas também *embaixo* do parque. Refiro-me ao lendário túnel do Magic Kingdom ou, como o chamamos internamente, o Utilidor. Na Disney, usamos esse túnel subterrâneo, que se estende por todas as diferentes áreas do parque, para transportar suprimentos para Alimentos e Bebidas, Merchandising e outros locais sem interferir na mágica. O Utilidor também contém refeitórios, armários e vestiários para os membros do *cast*, entre outros departamentos dos bastidores.

Obviamente, acontece muita coisa no Utilidor, por isso sempre procuramos oportunidades para melhorar o fluxo de tráfego. Também lutávamos o tempo todo com o número de paletes deixados no Utilidor, pois eles representavam um perigo de incêndio no que dizia respeito ao código de segurança. É por isso que o vídeo da Amazon despertou minha curiosidade. *E se tivéssemos robôs que levassem os paletes vazios de volta para a entrada do túnel, resolvendo desse modo nossa questão de segurança? Isso poderia até se transformar em uma automatização completa de toda a entrega de paletes para a entrada principal do Utilidor e a partir dela!* A ideia era intrigante, mas, honestamente, eu não fazia ideia se tinha algum valor ou sequer como começar. Tudo parecia muito complexo, mas, como se costuma dizer: "Há uma ilha de oportunidades em meio a cada dificuldade". Então fui em busca de ajuda.

Durante meus anos na Disney, eu havia trabalhado em conjunto em várias iniciativas com Ron Mills, que era o então vice-presidente de Serviços de Distribuição – exatamente o parceiro de que eu precisava. Ele imediatamente viu potencial na ideia, concordou em conduzir um estudo sobre o projeto e colocou um dos membros de sua equipe à frente da iniciativa. Depois, fui apresentar a ideia a Christine Gassman, que trabalhou no Departamento de Mudança de Processos. Christine tinha passado da Bens de Consumo Disney para o Walt Disney World quatro anos antes, e eu vinha sendo seu mentor desde então. Ela foi muito receptiva à ideia e mergulhou no projeto imediatamente. O plano era criar um "primeiro artigo" e depois expandir para pontos adicionais, a depender dos resultados. Christine envolveu a Engenharia Industrial no processo para avaliar o custo e a viabilidade. Finalmente, trouxemos Alimentos e Bebidas e Merchandising, além de uma empresa terceirizada familiarizada com a tecnologia.

A primeira fase do projeto envolveu a instalação de sensores capazes de ler as etiquetas nos paletes vazios. A qualquer momento, a equipe que estivesse monitorando os sensores poderia ficar sabendo quantos paletes tinham sido empilhados e sua localização precisa. Infelizmente, eu deixei a Disney antes da implementação completa do projeto, mas, para mim, ele destaca como a parceria e a colaboração podem e devem se desenrolar.

O que quero dizer é que todas as pessoas e todos os departamentos com quem busquei ter contato logo me ofereceram sua opinião, seu apoio e seus recursos, porque eu havia estabelecido um relacionamento com eles *antes* de pedir ajuda.

A SÍNDROME DO "ELES"

Desde os primórdios da humanidade, tem havido um "nós" e um "eles", quer fosse a tribo do outro lado do vale, as pessoas do outro lado da fronteira ou a competição do outro lado da rua. Atualmente, muitas vezes acaba sendo o departamento do outro lado do corredor. O grupo do "eles" tem competências, *raisons d'être* e, mais importante, motivos diferentes. Influenciados por milhares de anos de evolução, tendemos a desconfiar das diferenças. Compreensivelmente, as pessoas preferem interagir com indivíduos com quem podem se relacionar com facilidade. Assim, estabelecer confiança entre não apenas dois, mas vários grupos de pessoas com perspectivas, abordagens e interesses diferentes pode ser desafiador.

Pessoalmente, esse desafio me agrada.

Sempre ansiei por fazer parcerias e estabelecer colaborações em meu trabalho. Como já disse, sou sociável. Também reconheço o fato de que, sem parceiros, não sou capaz de alcançar os objetivos que estabeleci para mim ou minha organização. Portanto, há admitidamente muito interesse próprio envolvido. Na Disney, não poderíamos alcançar nada sem a contribuição de vários departamentos. Precisávamos realmente da expertise, das habilidades e da perspectiva de uma variedade de agentes.

Aqui está o meu conselho para superar a síndrome do "eles".

Em primeiro lugar, descubra quem são "eles" e, mais importante, como você pode envolvê-los para ajudá-lo a administrar melhor seus negócios. Quando era promovido a um novo cargo, fazia uma lista de todos os departamentos que contribuíam para o sucesso da organização. Eu me encontrava com o líder de cada um desses departamentos, aprendia o que eles faziam, como eles faziam e como nós poderíamos nos ajudar mutuamente. Em outras palavras, estabelecia um relacionamento com eles. Eu os convidava para almoçar ou ia encontrá-los em seu escritório. Assim como fazia com meus subordinados diretos, eu travava conhecimento em nível pessoal, descobria o que os mantinha acordados à noite e quais desafios eles estavam enfrentando. Nós discutíamos como eles poderiam ajudar minha área e como eu poderia ser o melhor parceiro para eles. Eu, então, me certificava de dar um alô uma vez a cada trimestre, pessoalmente ou por telefone. Ao manter esses vínculos, deparei com duas áreas de benefício:

Como eu estava interessado no trabalho deles, era mais provável que pensassem em mim como um parceiro ao tomarem decisões. Estar sempre presente me garantia que eles me colocariam na jogada se algo fosse causar impacto em meu parque ou hotel.

Em segundo lugar, pude aprender sobre as áreas de negócios às quais nunca havia sido exposto: Engenharia Industrial, Serviços Têxteis, Gerenciamento de Rendimentos, Jurídico, Gerenciamento de Receitas, Relações Trabalhistas e TI, entre outros. Em seguida, ficou claro para mim como meu departamento tinha impacto em suas operações e eu levava isso em consideração ao tomar decisões.

Por último, mas não menos importante, quando surgia uma nova iniciativa, um erro ou uma crise, nossa interação era sincera e transparente. Quando você já conhece alguém, pode ser muito mais direto e sincero em relação à suas ideias e não precisa se preocupar se está sendo ofensivo. Fiquei confortável em expor para Christine à iniciativa dos paletes no Magic Kingdom, uma ideia que poderia ser equivocada, porque sabia que ela me daria um feedback sincero. Se tivesse sido má ideia, não tenho nem uma sombra de dúvida de que ela teria me dito imediatamente. Por causa da confiança que estabelecemos, eu sabia que receberia conselhos construtivos. Os relacionamentos azeitam as engrenagens da comunicação e do entendimento.

Que áreas da sua empresa, ou até mesmo terceirizadas, são fundamentais para o seu sucesso? Conheça-os, entenda-os e valorize-os.

Eu também seguia algumas regras básicas de engajamento ao colaborar com outros departamentos ou organizações.

Engaje os outros com a mente aberta. Alguns líderes relutam na colaboração porque desejam ficar com o crédito e receber todos os elogios de uma nova ideia ou iniciativa. Como nada é feito sozinho, não há razão para ter medo de alguém roubar sua ideia.

Sempre que não concordávamos a respeito de uma decisão, precisávamos nos lembrar do que tínhamos em comum: nosso resultado desejado de forma coletiva. Quando acontecem divergências, costumamos nos afastar do que estamos tentando realizar. Na Disney, sempre consideramos benéfico levar em conta de que modo nossas decisões impactariam os visitantes ou os membros do *cast*. Nenhum dos dois se importava muito com as políticas de nosso departamento ou com as idiossincrasias de nossa organização.

Então, volte para o caminho e encontre um compromisso satisfatório.

Quando havia um problema, eu tentava me concentrar na solução e perder pouco tempo apontando aqueles que eu achava que estavam errados. Uma sessão de avaliação no pós-lançamento costuma ser um bom momento para extrairmos aprendizados de nossos erros. E, lembre-se, se você aprendeu alguma coisa com um erro, então não se trata de um desperdício.

Eu também sempre tentava manter uma atitude positiva e de encorajamento mesmo em meio a desafios. Todos nós temos nossos próprios desafios a superar. Não desconfie dos outros – apenas presuma que eles têm boas intenções e seja rápido em reconhecer as contribuições e o sucessos de todos.

Seja o exemplo para sua empresa. Incentive as equipes a também estabelecer relacionamentos com outros departamentos. E, acima de tudo, nunca deixe ninguém depreciar ou menosprezar a contribuição de outro departamento. Lembre-se, no fim das contas, somos todos peças do mesmo quebra-cabeça!

"Se você quer ir rápido, vá sozinho. Se quer ir longe, vá junto."
PROVÉRBIO AFRICANO

ACELERE
SEUS RESULTADOS

Seja um grande parceiro e promova a colaboração por meio destas abordagens:

- Descubra quem "eles" são. Observe suas áreas de responsabilidade e entenda todas as conexões com os outros departamentos que ajudam a tornar o seu bem-sucedido.
- Seja proativo ao se encontrar com seus parceiros. Por exemplo, agende uma ligação trimestral ou dê um pulo fora de sua área para permanecer conectado com eles. Mesmo se você não tiver algo específico sobre trabalho para conversar com eles, invariavelmente aprenderá algo novo ou encontrará uma nova oportunidade. De qualquer modo, você vai manter o relacionamento "próximo" para o dia em que precisar de ajuda.
- Pergunte sobre os objetivos de seus parceiros. Como você pode ajudá-los a ter êxito?
- Quando for confrontado com uma discordância, pense nos objetivos compartilhados.

PARTE 4
LIDERAR MUDANÇAS

Em 2015, o Walt Disney World passou por uma grande mudança organizacional – o que não é fácil quando afeta alguns milhares de líderes, mas que é necessário e saudável nessa época de rupturas. A lógica por trás da decisão era tornar-se mais otimizada, gerar maior responsabilização e oferecer aos líderes exposição a novos negócios. Com essa nova estrutura, esperávamos desenvolver pessoas com visão mais generalizada que estivessem mais bem preparadas para galgar cargos executivos. A equipe executiva dos vice-presidentes do parque trabalhou nessa reorganização por nove meses, fazendo brainstormings sobre várias reiterações de potenciais estruturas. Examinamos o escopo de responsabilidades, os relacionamentos entre subordinados, o número de subordinados diretos, o número de camadas e a redução de custos, entre outros fatores. Acabamos eliminando todo um nível de subordinados (gerentes de operações). Também atribuímos aos gerentes-gerais (que estavam confinados em uma linha de negócios) responsabilidades por áreas geográficas que incluíam Merchandising, Alimentos e Bebidas, Zeladoria e atrações. Enquanto isso, muitos líderes estavam mudando de local de trabalho e pulando de um lado para o outro do Walt Disney World.

Então elaboramos um plano de ataque, ou, devo dizer, um plano de comunicação. Decidimos coletivamente reunir todos os gerentes-gerais (cerca de cinquenta pessoas) em uma de nossas salas de conferência, anunciamos a nova estrutura e imediatamente depois tivemos conversas individuais com cada um deles. Pedimos aos gerentes-gerais que informassem no mesmo instante seus líderes de equipe (agora chamados "proprietários") e tivessem conversas individuais com cada um deles, informando-os se continuariam na mesma área ou se mudariam para outra.

Esse seria um grande dia para nós e, ironicamente, por acaso, fui hospitalizado naquela mesma manhã com apendicite aguda! Não importa. Meu líder, Jim, vice-presidente sênior de Operações, tomou o meu lugar e informou minha equipe. Era importante não perder nada. Queríamos que essa informação fosse passada o mais rápido possível para eliminar as conversas e especulações alimentadas pela ansiedade nos intervalos para o café.

Em apenas um dia, toda a nossa estrutura de gerenciamento superior mudou. Durante o processo, nos certificamos de que todos entendiam o "porquê" por trás da mudança. Eu dei um passo à frente. Durante a semana seguinte, fiz questão de assistir a cada uma das reuniões dos gerentes-gerais com cada um dos membros da equipe para explicar por que eles tinham sido selecionados para o cargo exato em questão. As conversas eram mais ou menos assim:

"Deb agora é sua líder em Tomorrowland. Ela chega até nós com um histórico comprovado de ser uma líder dinâmica e ativa que tem a capacidade de pensar grande e influenciar a organização. Ela vai trazer uma nova maneira de pensar sobre nossos negócios, já que tem sua experiência anterior em departamentos de suporte..."

"Ellen, você é agora a proprietária de Merchandising da Tomorrowland, sobre a qual possui profundo conhecimento. Como Merchandising é um novo departamento para Deb, você vai poder ensinar a ela as especificidades do varejo e ajudá-la a se familiarizar com essa nova linha de negócios..."

"Ricky, agora você é o proprietário do Cosmic Ray's. Sei que você tem experiência anterior em administrar grandes pontos de alimentos e bebidas. Este é o restaurante de serviço de balcão mais movimentado do Walt Disney World, e estou confiante de que você irá trazer sua experiência para nos ajudar a expandir ainda mais os negócios..."

"Melissa, você agora é a proprietária da Zeladoria da Tomorrowland. Como você se destaca em estabelecer relacionamentos, vamos precisar de suas habilidades para garantir que o *cast* esteja a bordo enquanto testamos uma nova tecnologia em sua área..."

Era importante para mim que todos começassem em seu novo papel sabendo não apenas por que eu os tinha selecionado para cada cargo, mas também que eu confiava que eles poderiam expandir os negócios dali em diante.

Considerando o escopo da mudança organizacional e como a implementamos rapidamente, as coisas correram tranquilamente: uma prova da adaptabilidade dos líderes da Disney. Os visitantes não perceberam nada, pois a mudança não teve impacto na operação. Na verdade, ela aprimorou sua experiência, já que a nova estrutura proporcionava um modo mais coeso de administrar uma área geográfica. Esse é apenas um exemplo de como liderar mudanças por meio de princípios aplicados e ponderados.

Capítulo 18

Aprimoramento contínuo

Quando o fundador da empresa na qual você trabalha é alguém como Walt Disney, você sabe que o aprimoramento contínuo está no DNA da organização. Walt sempre desafiou o *status quo* e não hesitava em recomeçar todo um projeto se achasse que havia uma abordagem melhor, mais nova ou mais eficaz.

Quando as câmeras Technicolor foram lançadas em 1932, *Flores e árvores* já estava em produção em preto e branco. Mesmo assim, Walt o reiniciou para integrar a mais recente tecnologia em cores. Se as latas de lixo não atendiam aos seus padrões (as latas aramadas usadas na época eram malcheirosas e pouco atraentes), ele projetava uma nova lata de lixo com tampa e abas adjacentes. Para onde quer que ele olhasse, via espaço para aprimoramentos e estava disposto a mudar a maneira como os negócios estavam sendo feitos. Desde então, a busca de Walt por aprimoramento contínuo está enraizado na organização Disney.

Parte do meu trabalho como líder da Disney era identificar oportunidades para melhorar a eficiência e crescer. No início de 1999, no Epcot, fui encarregado de inaugurar e tocar o Test Track na posição de gerente de operações. Essa nova atração simularia os procedimentos de teste que a General Motors usava para avaliar carros-conceito. Inicialmente, tivemos muitas dificuldades com a nova tecnologia, e o passeio com frequência tinha problemas.

Os visitantes ficaram compreensivelmente desapontados quando não puderam experimentar essa nova atração. Então, quando o Test Track estava funcionando, procuramos maneiras de maximizar sua "taxa de rotatividade" por hora, garantindo que o maior número possível de visitantes pudesse experimentar a atração. Os veículos acomodam seis pessoas, e a maioria dos visitantes vinha acompanhado de duas ou mais pessoas. Se tivéssemos sorte, poderíamos encher cada carro com um grupo completo de seis ou uma combinação de diversos grupos. Quando a soma não completasse seis pessoas, o veículo seria despachado com assentos vagos, um desperdício de capacidade.

Enquanto procurávamos modos de gerenciar a atração a plena capacidade, tivemos a ideia das filas de pessoas avulsas. Por que não ter uma fila separada para essas pessoas? Esses visitantes, imaginamos, estariam dispostos a preencher a lacuna em um veículo, reduzindo o tempo de espera e aumentando, ao mesmo tempo, nossa capacidade por hora. Apresentamos a ideia aos membros do *cast*, explicamos a lógica por trás dela e os treinamos com o novo processo de embarque. A implementação foi um sucesso imediato. Logo passamos a fazer isso em toda a organização, e as filas de pessoas avulsas agora são uma parte legítima de nossos projetos de filas de novas atrações.

Desenvolver uma cultura de aprimoramento contínuo está ligado à sua capacidade como líder de criar o ambiente certo onde as ideias podem ser compartilhadas, escrutinadas e testadas.

DÊ VOZ AOS SEUS FUNCIONÁRIOS

Às vezes, o aprimoramento vem da necessidade. Outras vezes, é pura casualidade. Mas, na maioria das vezes, ideias vêm dos funcionários que estão na linha de frente.

Como gerente-geral de Merchandising do Magic Kingdom, eu supervisionava o ponto de aluguel de carrinhos na entrada do parque. Essa loja costumava ficar mais cheia entre as 9h e as 11h da manhã, quando a maioria dos visitantes chega ao parque. Estávamos sempre procurando maneiras de agilizar o processo de aluguel de carrinhos. Um dos membros do *cast* da linha de frente um dia nos abordou com uma ideia simples: assim como os visitantes podem comprar ingressos de vários dias para o parque, por que não vendemos passes de aluguel de carrinho de vários dias? Os visitantes que escolherem essa opção podem simplesmente ir até a loja de aluguel de carrinhos, mostrar seu passe, escolher um carrinho e seguir em frente. Todos nós pensamos que era uma ótima ideia e a implementamos na hora. Nós nos certificamos de que o membro do *cast* fosse reconhecido e recebesse pessoalmente agradecimentos da parte de todos os líderes, inclusive da minha. Minha equipe compartilhou a história com todos os outros membros do *cast* durante as "Conversas de Equipe" para incentivá-los a também compartilhar suas ideias.

As organizações costumam confinar as sugestões dos funcionários a uma caixa de ideias em algum lugar da operação. Eu descobri que dar às pessoas a oportunidade de defender suas ideias e sua base lógica pessoalmente e serem reconhecidas de modo direto é muito mais gratificante para elas. Além do mais, você quer se certificar de que entendeu completamente as ideias de aprimoramento que elas trazem, pois isso pode envolver aspectos da operação que você não conhece. Às vezes, uma ideia resolve um problema que você não conhece, simplesmente porque você não está no lugar da pessoa.

Quando for examinar uma sugestão, tenha uma ampla conversa a respeito dos prós e dos contras a respeito da ideia e, em seguida, vá mais longe. Pergunte à equipe por que pode ser uma má ideia, por que não vai funcionar, por que vai falhar. Ao dar permissão a todos para serem negativos, você vai encontrar fendas na armadura. Pode ser que você não siga em frente com a sugestão por causa de novas evidências, ou que ela fique ainda melhor ao abordar seus pontos fracos.

Líderes acessíveis e disponíveis vão ver seus funcionários da linha de frente subindo degraus e fornecendo inúmeras sugestões de aprimoramento contínuo. Algumas ideias podem funcionar; outras podem não ser viáveis. Independentemente, sempre explique sua linha de raciocínio e agradeça a eles por suas contribuições.

OFEREÇA OS RECURSOS CERTOS A SEUS FUNCIONÁRIOS
Se você realmente quer criar uma cultura de aprimoramento contínuo em sua organização, coloque dinheiro no lugar de palavras. Ou seja,

esteja preparado para apoiar novas ideias com os recursos certos, seja tempo, trabalho ou dinheiro. Como vice-presidente do Magic Kingdom, sempre mantive um fundo de aprimoramento contínuo que nos permitia testar ideias rapidamente e em pequena escala. Se a ideia tivesse valor, eu ia atrás de recursos adicionais. Todos os meus subordinados diretos sabiam que tinham autoridade para experimentar coisas novas e que eu confiava neles para tomar as decisões certas.

Em grandes organizações como a Disney, pode ser arriscado implementar novas iniciativas, portanto, certifique-se de testá-las primeiro. Comece pequeno, com impacto limitado, e monitore os resultados. Se forem positivos, você pode aplicar a áreas maiores da organização.

ENVOLVA TODAS AS PARTES INTERESSADAS

Ao envolver todas as partes interessadas – pouco importam os cargos – na avaliação de um processo ou de uma ideia, os líderes podem conseguir uma imagem muito mais clara do resultado e da maneira mais eficiente de alcançá-lo. Descobri que, quando todas as partes interessadas participam da formulação de um novo e aprimorado processo, elas o adotarão com mais boa vontade ou o melhorarão, porque tiveram a oportunidade de expor suas contribuições.

Com seu resultado desejado e as contribuições das partes interessadas em mente, você deve ver imediatamente onde a mudança é justificada. Resista à ânsia de mudar as coisas apenas por causa de uma nova tecnologia ou porque você deseja deixar sua marca em uma organização. Implemente as mudanças que fazem sentido e que se alinham a seus objetivos. Aprimoramento contínuo não é crescimento se não o aproxima da realização de sua visão.

QUESTIONE OS PROCESSOS

Deixe-me compartilhar uma história comum que destaca a importância de questionar os processos. Marido e mulher estão na cozinha. O marido está sentado à mesa lendo o jornal enquanto a esposa prepara um pernil para o jantar, cortando precisamente um centímetro de cada extremidade. Ele questiona o modo de preparo dela, ao anunciar: "Você está desperdiçando um bom pernil!". Ela responde: "Foi assim que minha mãe sempre preparou pernil". O marido pergunta a razão daquilo, e a esposa não sabe responder. Mais tarde, ela telefona para a mãe para saber a resposta. A mãe dela responde: "Porque foi assim que minha mãe, sua avó, preparava pernil".

A avó tinha falecido havia vários anos, mas o avô ainda estava vivo. Então a esposa lhe telefona para perguntar: "Vovô, por que a vovó cortava um centímetro nas duas extremidades do pernil?". Ele fica em silêncio enquanto pensa por um momento. Então responde: "Para que o pernil coubesse na assadeira!".

Na sua empresa, quantos procedimentos estão hoje desatualizados ou obsoletos, como o processo de preparo de pernil assado? Quais passos são considerados uma perda total de tempo e, ainda assim, os funcionários continuam a executar sem refletir a respeito? Se a Disney for um exemplo da maioria das empresas, a resposta é: muitos! Alguns processos estão simplesmente arraigados no DNA da sua organização e ninguém pensaria em questionar por que as coisas são feitas dessa maneira.

Eis o modo como você deve abordar essa questão: crie um processo de exame. Se você passou uma visão clara e um propósito comum para sua equipe, e se implementou uma série de padrões de qualidade que permeie toda a organização, oferecendo consistência à tomada de decisões, poderá ser capaz de avaliar seu processo por meio da mesma lente. Por exemplo: passa no teste decisivo de Segurança, Cortesia, Espetáculo e Eficiência? É prejudicial para nossa capacidade de oferecer mágica? Como os visitantes são afetados por esse processo? Todas são boas perguntas a serem feitas. Quando, a princípio, implementamos o My Magic Plus, alguns visitantes tinham que inserir um código de 16 dígitos para ativar sua pulseira e conectá-la aos ingressos do parque – o que havia de mágico nisso?! Logo adicionamos uma função de escâner para facilitar o processo. É importante desafiar o *status quo* ao alinhar seus processos com a visão, o propósito e os padrões de qualidade da sua organização.

ACELERE
SEUS RESULTADOS

Desenvolva uma cultura de aprimoramento contínuo com as seguintes táticas:

- Experimente o seu produto ou serviço sob o ponto de vista do cliente com regularidade.
- Dedique tempo a eventos de aprimoramento contínuo. Crie oportunidades de debate em mesa-redonda para perguntar à sua equipe como ela pode melhorar a experiência do cliente. Pergunte: "Se você estivesse no meu cargo, em que se concentraria?". É uma maneira indireta de pedir ideias e sugestões.
- Leia os feedbacks dos clientes para ver as oportunidades de aprimoramento em serviços e processos em sua organização.
- Envolva especialistas e não especialistas em suas discussões de aprimoramento. Os dois pontos de vista são valiosos.

Capítulo 19

Fazer a mudança

Por que relutamos em mudar?

Mudar é assustador, difícil e desconfortável, eu sei bem. Virei meu mundo de cabeça para baixo nos últimos dois anos. Deixei de trabalhar em uma companhia listada na Fortune 500 para me tornar empreendedor; deixei de liderar 12 mil membros do *cast* para ter um grande empreendimento de uma pessoa só; deixei de ser responsável por uma operação 24 horas por dia, 7 dias por semana e 365 dias por ano, para ter o horário de trabalho mais flexível possível... nossa, estou até me deslocando pelo país para um ambiente completamente diferente. Mudar pode acarretar muitas noites sem dormir e muita ansiedade.

E, apesar de tudo isso, ou possivelmente *por causa de* tudo isso, mudar também é gratificante, revelador e emocionante. Nesse processo aprendi demais e me deleitei em descobrir como posso ser adaptável. Agora é imensamente gratificante ver como cheguei longe, e mal posso esperar para ver o que o futuro guarda.

Ainda assim, estamos dispostos a resistir à mudança por dois motivos principais: medo de perder algo que valorizamos e de não saber o que nos espera do outro lado. Essas duas questões devem e podem ser atenuadas para facilitar a transição.

Você está jogando para ganhar ou para não perder?

EM QUE VOCÊ PODE CONFIAR?

Quando decidi rearranjar minha vida inteira, primeiro me concentrei no que *não* mudaria: minha saúde, minha família, meus valores, meu conhecimento e minha experiência. Ao contemplar isso, me senti confortado em saber que sempre poderia recorrer a esses blocos fundamentais da minha vida.

Da mesma forma, ao levar mudanças para um grupo ou uma organização, é importante informar as pessoas afetadas pela mudança sobre o que *não* irá mudar – onde elas podem ter conforto e em que podem confiar. Pode se tratar dos valores da empresa, sua cultura, sua missão, seus processos ou seu propósito comum. Os funcionários vão precisar de uma âncora para se firmar durante o que podem ser períodos de turbulência. Eles também devem obter conforto e segurança de seu líder. Esse é o suporte que torna a mudança uma experiência menos dolorosa.

Por sermos líderes que trazem mudanças, devemos ter extremo cuidado: aumentar nossa disponibilidade e presença; melhorar a comunicação e a transparência; ser apoiadores e incentivar os membros da nossa equipe a compartilhar suas experiências, aprendizados e boas práticas. Quando implementei a nova estrutura no Walt Disney World, passei muito tempo oferecendo esse suporte. Enfatizei o quanto os funcionários estavam aprendendo e como isso era valioso e os animei ao longo do caminho. Pedi aos meus gerentes-gerais que compartilhassem as atualizações semanais que faziam comigo com o restante da equipe para que eles pudessem aprender uns com os outros. Eles compartilharam suas boas práticas e desafios enquanto negociavam a curva de aprendizado. E então comemorávamos os marcos que alcançavam e as realizações que efetuavam, e até mesmo os pequenos passos.

Também direcionei os membros da equipe para as áreas mais significativas de suas responsabilidades e me certifiquei de que estavam indo para onde poderiam criar o maior valor possível. Sugeri pessoas essenciais nos departamentos de suporte em que pudessem confiar para conseguir conselhos. Com a mudança da organização, era importante que a equipe encontrasse conforto em saber que eu os apoiava de modo incondicional e que eles tinham os recursos para ajudá-los a ter êxito. Oferecer às pessoas uma base confiável, apoio emocional, recursos necessários e "pessoas a quem recorrer" no quesito experiência facilita a mudança e lhes dá a confiança de que precisam em épocas desafiadoras.

CONCENTRE-SE NO LADO POSITIVO

Obviamente, você está implementando mudanças para o bem da sua organização. Você está procurando aprimorar o quadro, o produto, o processo ou a estratégia (ou todos os anteriores). Portanto, faça sua equipe saber *por que* você está seguindo esse caminho e enfatize os resultados positivos. Uma mudança bem-sucedida é condição para adotar uma mente aberta e estimulá-la. (Muito disso vem da mentalidade de crescimento que descrevi no Capítulo 2.) Isso remonta à sua habilidade como líder de projetar uma imagem nítida de como pode ser um futuro melhor.

Quando saí da Disney, antevi todo tipo de melhorias para a minha vida: tomada de decisões independente, horários flexíveis de trabalho e a liberdade de viajar e interagir com pessoas de diversas formações. É verdade que era um risco calculado. Valerie me lembrou de que, agora que as crianças estavam crescidas, estávamos prontos para ter menos posses e nos mudar para qualquer lugar do mundo. E, mais importante, se não desse certo, eu sempre poderia voltar a trabalhar para uma empresa e aproveitar meus 26 anos de experiência na Disney. Mas eu estava sobretudo animado por trabalhar de forma independente e aprender novas habilidades: anunciar a mim mesmo, negociar e fazer a contabilidade (sim, contabilidade), entre outros. Isso me deu força e motivação.

Voltando ao trabalho na reorganização com minha equipe: incentivei os membros a examinar os possíveis aprendizados e os aspectos positivos da experiência. Descobri que explicar o "porquê" por trás das decisões os ajudava a compreender, internalizar e abarcar a mudança. Uma vez que os funcionários sabem por que as mudanças estão acontecendo, é mais fácil para eles se apropriar do novo processo, da estratégia ou da estrutura organizacional e implementá-las.

Às vezes a mudança não significa uma boa notícia para a equipe. Não há como transformá-la em uma mensagem positiva, e você deve implementá-la de qualquer forma. Nesses casos, seja franco com a equipe, ou ela perceberá. Mais vezes do que eu gostaria de lembrar, eu me vi anunciando a meus subordinados diretos que teríamos um corte antes do final do ano. Por mais que me doesse fazer isso, era algo inegociável. Então a melhor abordagem era expor, explicar o raciocínio com o máximo de transparência possível e dizer à minha equipe que eu os apoiaria completamente durante o processo – e vamos acabar logo com isso.

PASSE O PORQUÊ, O QUANDO E O COMO

Durante uma mudança, nada importa mais do que quão bem você comunica as informações. Obviamente, esse é um passo importante no gerenciamento de mudanças, mas também é algo que nós lamentavelmente ignoramos e subestimamos constantemente.

Como já descrevi, é melhor torná-la o mais eficiente possível para eliminar a angústia e a especulação. Seja claro, sincero, abrangente e envolva todas as pessoas afetadas.

Tire um tempo para explicar o raciocínio por trás de sua decisão de mudança. Quando entendemos por que ela está acontecendo, temos menos probabilidade de encarar a mudança como um desafio.

Certifique-se de que você está preparado para responder a perguntas. No nosso caso, tínhamos até FAQs preparadas com antecedência que previam as dúvidas que poderiam surgir.

Sua comunicação precisa ser consistente. Quando lançamos a nova estrutura, tínhamos um script claro para garantir consistência em nossas mensagens. Os pontos de discussão eram os mesmos para todas as áreas do parque, e nós os compartilhamos com os líderes da linha de frente para que eles pudessem, por sua vez, usá-los durante sua conversa de equipe com os funcionários da linha de frente.

Uma comunicação bem preparada e proativa não apenas suaviza a curva de aprendizado como também é um sinal de respeito. Por reconhecer o valor que os funcionários entregam à organização, você quer que eles saibam o que está acontecendo e por quê. Isso reforça a ideia de uma equipe que trabalha com um propósito comum em mente.

O QUE ESPERAR

Nem todo mundo vai comprar a ideia imediatamente. Além de uma minoria de entusiastas, a grande maioria dos funcionários provavelmente vai ficar ressabiada. Eles são os que costumo chamar de "pessoas em cima do muro". Vão esperar para ver, e levarão um tempo para internalizar – e isso é bom. Você pode estar trabalhando nessa ideia ou iniciativa inovadora por meses, mas eles a estão ouvindo pela primeira vez. Então, dê a eles a "dádiva do tempo". Enquanto isso, os entusiastas vão tomar a frente, e você pode confiar neles para, gradualmente, conquistar os que estão em cima do muro.

Infelizmente, também haverá aqueles que se opõem diretamente e que resistirão a passar pelo novo processo ou para a nova estrutura. Eles são resistentes por uma infinidade de razões: sempre fizeram as coisas desse modo e, para eles, funcionava muito bem; estão perdendo sua expertise ou a mudança ameaça seu controle. Embora os que se oponham sejam, em geral, a minoria (no máximo 20%), nós, como líderes, tendemos a nos concentrar neles. A verdade é que só mudarão se *eles* decidirem fazer isso. Embora devamos monitorar os que se opõem para que não envenenem o restante das pessoas, também devemos evitar gastar tempo e recursos adicionais com eles. Por fim, eles ou abraçarão a mudança ou encontrarão sua felicidade em outro lugar.

"Mudar é a lei da vida", disse John F. Kennedy, e isso é ainda mais verdade hoje em dia. Tudo ao nosso redor está mudando em um ritmo que mal conseguimos acompanhar. Bob Iger (CEO da Disney) disse que dedica 30% de seu tempo para pensar em disrupções. Como não há um modo de evitá-las, é melhor abraçá-las e nos preparar para elas. O medo de mudar com frequência limita nossa carreira e nossas habilidades. Pense nisso por outro lado, como uma atualização para uma versão aprimorada de você mesmo, de sua equipe ou de sua organização.

"Não é o mais forte da espécie que sobrevive, nem o mais inteligente que sobrevive. É aquele que melhor se adapta às mudanças."
CHARLES DARWIN

ACELERE
SEUS RESULTADOS

Lembre-se destas dicas ao realizar mudanças em uma empresa:

- Reserve um tempo para se lembrar de tudo aquilo em que você pode confiar e que não vai mudar.
- Aprenda a ser otimista. Esses momentos estressantes são uma oportunidade para crescermos e nos fortalecermos. Faça uma lista semanal daquilo que você aprendeu e que poderá usar no futuro.
- Como líder, não recue e se volte para dentro. Agende um horário todos os dias com seu pessoal e permaneça visível e acessível. Podem ser pequenas reuniões de manhã e à tarde, pessoalmente ou por teleconferência. Você pode não ter todas as respostas, mas o poder da sua presença não pode ser subestimado.
- Seja direto ao explicar a razão que embasa as mudanças. A transparência vai ajudar a conquistar os funcionários que, a princípio, ficam relutantes ou desconfiados.

Capítulo 20

Navegar por novas águas

Em fevereiro de 2009, nada menos do que no meu aniversário, fui promovido de gerente-geral de Atrações do Magic Kingdom a vice-presidente do Epcot. Eu estava animado e nervoso.

Com dezenove cargos diferentes em meu currículo, passei por algumas boas curvas de aprendizado enquanto fazia a transição de uma função para outra, mas esse era um *grande* trabalho.

Felizmente, ao longo dos anos, eu tinha desenvolvido meu manual de transição confiável para evitar erros recorrentes. Trata-se de pouco mais do que uma lista de coisas para pensar e ficar atento – um checklist dos "desaceleradores" de uma transição de emprego. Eu mantinha esse manual na minha mesa e passava os olhos por ele todos os dias nos primeiros meses em um novo cargo. Isso me ajudava a evitar as armadilhas óbvias de ser novo, de estar estressado e de tentar causar uma boa impressão.

Sempre fiz questão de compartilhar essas "pílulas de sabedoria" com os novos membros da equipe, para que eles soubessem que eu já estive no lugar deles. Eu sabia o que eles estavam prestes a enfrentar e tinha aprendido em primeira mão como evitar alguns dos erros de iniciar um novo processo ou um novo trabalho.

Aqui estão algumas dessas armadilhas que todos podemos evitar.

CORRER PARA CAUSAR BOA IMPRESSÃO

O erro mais comum que muitos líderes que acabaram de ser promovidos cometem é tentar provar que são dignos de sua promoção. Às vezes, isso se traduz em decisões impulsivas ou mudanças irracionais. Um sentimento de insegurança os leva a fazer coisas que podem prejudicar os relacionamentos que precisam estabelecer com sua nova equipe.

Com frequência eu me via falando a mesma coisa para líderes nessa situação: "Olha, você já conseguiu o cargo. Nós o promovemos porque sabemos que você merece o trabalho e estamos confiantes de que você é capaz de fazê-lo". Eu os lembrava de que os membros do *cast* em sua nova área já sabiam como fazer seu trabalho, portanto não havia urgência em mudar as coisas. Em vez disso, o foco inicial devia ser o de criar o melhor ambiente possível para que seu *cast* pudesse ter êxito. Ter novas ideias para aumentar a produtividade não era a prioridade naquele momento. Eu terminava lembrando a eles que tinham uma pequena janela para causar uma primeira impressão, e era melhor que fosse boa de verdade. Eu sugeria que se encontrassem pessoalmente com cada membro do *cast* em sua operação e começassem a estabelecer interações genuínas. Essas conexões e sua disposição para ouvir e aprender valeriam muito a pena mais tarde.

DEIXAR DE ALINHAR EXPECTATIVAS

Obter algumas vitórias rápidas é compreensível para você criar confiança e demonstrar para seu chefe que você é a pessoa certa; no entanto, cuidado para não conseguir essas vitórias rápidas à custa de sua credibilidade. Certifique-se de que você sabe como é uma "vitória" antes de partir para a pontuação. Sua visão para o departamento e a visão do seu chefe podem ser muito diferentes. Reserve um tempo para conversar com as partes interessadas durante sua transição e para ouvir todos os pontos de vista. O que você decidir para sua equipe e para seu departamento deverá estar alinhado com o restante da organização.

DISPENSAR OU IGNORAR O QUE VOCÊ NÃO SABE

Nosso ego pode atrapalhar o aprendizado. Podemos ser atraídos para partes com as quais já estamos familiarizados porque nos sentimos muito mais à vontade nessa área. Disponha-se a mergulhar naquilo que você não entende. Explore e aprenda. Você tem uma ótima desculpa para fazer perguntas – você é um novato! Fazer esses tipos de pergunta um ano mais tarde pode ser problemático.

Adotei essa exata abordagem quando me mudei para a França em 1992. Eu tinha um nível extremamente básico em compreender e falar francês. Decidi que ia mergulhar de cabeça, mesmo que tivesse que soar bastante ridículo me enrolando nas conversas. No entanto, eu tinha uma boa desculpa: havia acabado de me mudar para lá. Um ano mais tarde, essa não teria sido uma justificativa viável. Então seja humilde e admita que não sabe o que não sabe – aprenda e faça perguntas. As pessoas vão estar mais dispostas a ajudá-lo e a atendê-lo quando você é novo no trabalho.

Da mesma forma, não confie demais na experiência prévia. Eu sei que isso é difícil, porque é em nossa base de conhecimentos que nos apoiamos todos os dias. É assim que nos orientamos em nossa vida e em nosso emprego. Mas, quando você tenta aprender "como um iniciante", lança um novo olhar a sua operação e pode descobrir novos aspectos com os quais não está familiarizado. Em vez disso, podemos evitar fazer suposições e colher benefícios valiosos mais tarde.

DAR OUVIDOS A ALGUMAS POUCAS PESSOAS

Devemos ter cuidado para não prestar atenção exclusivamente às pessoas com as quais nos conectamos com naturalidade ou que são mais expansivas. Às vezes, nossas opiniões podem se tornar parciais porque damos ouvido a um grupo seleto ou a apenas uma pessoa especificamente falante. Lembre-se: "De grão em grão, a galinha enche o papo". Seja atencioso para avaliar as pessoas, dê a elas a oportunidade de compartilhar suas ideais e considere a perspectiva que elas oferecem.

TENTAR RESOLVER TUDO

Este ponto retoma um conceito extremamente importante: a diferença entre problemas e dilemas. Problemas têm solução: $1 + 1 = 2$. Quem me dera se tudo fosse tão fácil! Infelizmente, muitas questões que nos são importantes de verdade são consideradas dilemas. Dilemas não têm solução. Eles só podem ser gerenciados. A estrutura organizacional é um dilema. Ela se adapta a determinados momentos de acordo com os desafios do negócio, o talento disponível e os objetivos da empresa. Ela não é uma solução permanente.

No dia em que percebi que muitas das questões que eu vinha tratando como problemas eram, na verdade, dilemas, tirei muita pressão de mim mesmo. Muitas vezes, não há resposta perfeita ou permanente! Então não pense que precisa arranjar soluções para tudo porque você é novato.

CONCENTRAR-SE MAIS NOS PROCESSOS DO QUE NAS PESSOAS

Processos são importantes, mas as pessoas são essenciais para seu sucesso no longo prazo. Durante meus primeiros meses no novo cargo, eu fazia o possível para encontrar e me conectar com o máximo possível de pessoas e fazer o maior número de perguntas que podia. Enquanto aprendia sobre a operação, ficava tentado a dar início à mudança em alguns dos processos que já existiam.

Por quê? Porque é muito mais fácil mudar os processos do que mudar as pessoas. Então eu mantinha um caderno e anotava nele todas as minhas observações e ideias. Depois que entendia a operação melhor, riscava aos poucos algumas das minhas ideias originais porque, aquela altura, eu sabia que não funcionariam. Em vez disso, estabeleça relacionamentos, conexão e confiança; e esses relacionamentos trarão recompensas muito maiores com o passar do tempo.

Em geral, eu tentava não dar minha opinião, a menos que fosse solicitada. Normalmente as equipes esperavam que fizéssemos julgamentos e comentários sobre nossas primeiras impressões. Comentários não embasados podem causar problemas. Então, da próxima vez que começar em um novo cargo, guarde os comentários até conhecer sua operação por dentro e por fora.

Em vez de cair nas armadilhas descritas anteriormente, os líderes podem navegar em novas águas por meio de uma única ação.

EXPERIMENTE A EXPERIÊNCIA

"Bem-vindo ao Test Track. Quantas pessoas estão em seu grupo?" Eu disse isso repetidas vezes durante duas horas. *Certo*, pensei comigo, *preciso levar Cortesia a todos os hóspedes.*

"Ei, Dan, eu preciso de um avulso!" *Certo*, pensei comigo, *preciso levar Eficiência.*

"Estão prontos para o test-drive? Segurem firme!" *Certo*, pensei comigo, *preciso dar vida ao Espetáculo.*

"Você pode, por favor, apertar o cinto de segurança para mim?" *Certo*, pensei comigo: *Segurança em primeiro lugar.* Fui para casa naquela noite, não jantei e fui direto para a cama. Eu estava exausto.

Quando você inicia um novo papel na Disney, não apenas ouve falar e vê as operações que irá gerenciar – você trabalha nelas... e muito. Esse foi de longe o tempo mais valioso que dediquei ao iniciar um novo cargo. Vestir a fantasia e desempenhar um papel na operação me deram uma perspectiva que eu nunca poderia ter obtido de outra maneira, sem mencionar o bom crédito com os funcionários. Todo mundo sabe como nosso tempo é importante, e quando optamos por usá-lo com as pessoas que trabalham na linha de frente a confiança começa a aumentar rapidamente. De fato, os membros do *cast* com frequência me perguntavam: "Por que você está vestindo uma fantasia e trabalhando com a gente?". O fato de eles não entenderem era um problema em si. Eles não sabiam que eram *eles* que davam vida à mágica todos os dias? Eles não entendiam que o *desempenho deles* era a chave para o *meu sucesso*? Claramente, precisávamos trabalhar nessa mensagem.

A outra vantagem de trabalhar na operação foi que ninguém ficava me esperando nas muitas reuniões que logo começariam a encher minha agenda. Na verdade, sempre que possível, eu levava alguém pelo primeiro mês para tocar a operação ou delegava a um dos meus subordinados diretos com alto desempenho para me deixar totalmente livre para viver, comer e respirar na operação todos os dias.

O que você pode aprender quando passa um tempo com seu pessoal e trabalha na linha de frente é inestimável. Você pode pensar que todos estavam se comportando da melhor maneira possível e ficavam cheio de dedos com o que diziam quando eu estivesse por perto. Mas, como por mágica, depois de alguns dias me vendo aparecer "de fantasia" e trabalhar lado a lado com eles, se esqueciam de pensar em mim como Dan, gerente-geral, ou Dan, o vice-presidente, e apenas pensavam em mim como Dan, o novo funcionário. Comecei a aprender quais líderes eram valorizados pelo *cast*; quais processos eram disfuncionais; quais ferramentas, equipamentos e suprimentos estavam faltando; do que os hóspedes gostavam e do que se queixavam – a lista é extensa. No final de minhas duas semanas de experiências "usando fantasia", aprendi mais sobre o funcionamento e a cultura da operação do que aprenderia nos anos seguintes, apenas por estar presente todos os dias e me interessar pela maneira como as coisas eram feitas. Portanto, seja qual for sua versão de "trabalhar usando fantasia", passe um tempo em meio à ação e mantenha seus olhos e ouvidos atentos. Há muita informação valiosa que vai ajudar a guiar você por uma transição bem-sucedida.

Muitas empresas grandes e bem-sucedidas aproveitam a oportunidade para transferir seu pessoal para várias funções por diferentes razões: desenvolvimento de carreira, absorção, melhoria contínua e combinação de equipes. A Disney não é diferente, e mudávamos muito as pessoas. Ao longo dos anos, conversamos sobre as vantagens de transferir talentos, mas também reconhecemos o lado negativo de rotações constantes. Treinar líderes em suas novas áreas significava perder produtividade durante a janela de treinamento. No entanto, isso é parte das dores do crescimento, e eu, pessoalmente, acredito que mudanças de carreira trazem à tona tanto sua verdadeira natureza quanto seu verdadeiro potencial.

ACELERE
SEUS RESULTADOS

Para ter uma transição bem-sucedida em uma nova organização:

- Não corra para causar boa impressão. Aprenda primeiro os pormenores de sua organização.
- Alinhe sua visão com a do restante da organização.
- Não se aproxime apenas daquilo que você já conhece. Aprenda a se aproximar do que lhe for menos familiar.
- Concentre-se nas pessoas, todas as pessoas, não apenas nos processos.
- Coloque a mão na massa e trabalhe nos cargos da linha de frente por um tempo.

Capítulo 21

Criatividade e inovação

Quando trabalha para a Disney, você praticamente se alimenta dessas duas palavras. Poucas outras organizações empregam tanto tempo e recursos para permanecer na vanguarda de seu ramo. Os CEOs da Disney de ontem e de hoje se dedicaram a gerar novos conteúdos e experiências, reproduzindo o que o próprio Walt Disney colocou em funcionamento há quase 100 anos. Depois de assumir o comando da companhia, o atual CEO, Bob Iger, fez algumas jogadas ousadas ao adquirir a Pixar, a Lucas Films e a Marvel, garantindo, assim, um fluxo constante de novos conteúdos para a organização. Essas apostas bastante custosas já trouxeram enormes somas para a Disney. E há muito mais por vir.

Por quê? Porque, se a Disney quer que os visitantes voltem, ela não pode se permitir se tornar obsoleta. Manter o *status quo* não é lá uma estratégia muito boa. A companhia precisa constantemente não apenas de novos conteúdos, mas também de novas atrações, novos resorts e novas experiências. E, à medida que a operação se torna mais complexa, a Disney também deve inovar na maneira como conduz seus negócios. Em nosso mundo, que evolui tão rápido, isso é um imperativo para todas as empresas que desejam continuar relevantes.

Aqui estão diversos insights sobre criatividade e inovação que aprendi nesses anos todos:

VENHA VOAR COMIGO

Imagine que você está prestes a viajar de avião para um destino desconhecido e distante. Você sabe que vai ser exótico e diferente;

o tempo vai estar bom e a paisagem será bonita. Você reserva sua passagem e se prepara para a viagem. O avião decola. Você está voando por entre as nuvens com um céu aberto do outro lado da janela. Quando se aproxima do seu destino, o piloto inicia a descida, abaixa o trem de pouso e você se prepara para pousar. Finalmente, o avião toca a pista, as portas se abrem e a bela paisagem aparece.

Essa é, na minha opinião, uma analogia perfeita para a concepção, a evolução e a implementação de ideias criativas e inovadoras.

Primeiro, reserve a passagem e se prepare. Em outras palavras, invista em tempo dedicado à criatividade. Reserve um tempo para escrever e, assim, gerar e angariar novas ideias. Como somos mais criativos como grupo, acolha *todos* os integrantes e não apenas os óbvios. As ideias chegam de todas as formas possíveis e de todos os tipos de fontes. Esteja aberto a ouvir pessoas de diferentes departamentos, pontos de vista, formações e setores – por que não? A bem-sucedida empresa francesa de cosméticos Caudalie foi criada por um dermatologista que se juntou a um enólogo!

Crie o espaço certo. A maioria das pessoas vai lhe dizer que elas pensam de maneira mais criativa quando estão fora do ambiente de trabalho. Ofereça a si mesmo e a sua equipe espaços para serem criativos. Promova um ambiente favorável. Ofereça oportunidades para a apresentação de ideias. Na Disney, fazíamos isso por meio de um programa chamado "Você diz, nós ouvimos". Nosso objetivo era compartilhar as ótimas ideias apresentadas pelos funcionários e, mais importante, mostrar que a equipe de liderança estava pronta e disposta a auxiliar a implementá-las. As ideias variavam de melhores horários de ônibus e opções de refeitório para os funcionários a como oferecer um novo nível de serviço aos nossos visitantes. Tínhamos quadros de avisos inteiros destinados a essa iniciativa e comunicamos de modo diligente todas as ideias que foram implementadas – e havia muitas delas!

Segundo, alcance o céu. Esta é a fase "E se...?" da viagem. Nenhuma ideia é ruim ou está fora dos limites. Nada de julgamento nem de eliminação – apenas expansão de ideias. Cada sugestão deve ser respondida com "Sim, e" em vez de "Não, mas". Não é hora para a voz da razão, para a lógica ou para observações práticas. Deixe a criatividade e a imaginação correrem soltas. Mesmo se uma pessoa apresentar uma ideia incompleta, ela pode estar criando alguma coisa. Sua resposta deve ser: "Fale mais a respeito". Pense para onde declarações como "E se...?" levam. "E se todos os carros pudessem ser táxis?" levou à criação das empresas de viagens compartilhadas como Uber e Lyft. "E se todos os quartos pudessem ser um hotel?" levou ao Airbnb. "E se os hóspedes pudessem fazer reservas para uma atração?" levou ao FastPass da Disney. "E se pudéssemos criar um safári de verdade na Flórida?" levou à construção dos Kilimanjaro Safaris no Animal Kingdom.

Cada um desses lances iniciais parecia maluco e não tinha precedentes; a visão convencional os consideraria muito difíceis, muito complexos ou impossíveis de ser implementados.

Terceiro: hora de se preparar para o pouso e voltar ao chão. É agora que a imaginação e a criatividade tomam forma e se tornam inovação. Uma vez que as ideias tiveram a chance de emergir, amadurecer e ficar de molho, é hora da praticidade, da adaptação e da implementação. Prepare-se para fazer muitas perguntas. "Nós temos os recursos? Pessoal? Tecnologia? Tempo? Dinheiro? Conhecimento? Talento? Quais obstáculos provavelmente encontremos? E o meu favorito de todos os tempos: "Por que isso não vai dar certo?". Essa é uma pergunta válida. Se respondida com honestidade, obstáculos latentes e armadilhas surgirão e vão ser resolvidos antes de se tornarem um problema. É importante não botar um ponto-final nas sugestões muito rapidamente durante o pouso – mas o pensamento crítico pode eliminar ideias não realistas.

Idealmente, a esta altura você já chegou ao seu destino. As portas se abrem para um processo, projeto, produto e estratégia totalmente novos em folha – e você pode ansiar por uma versão aprimorada do seu negócio.

> "O futuro pertence àqueles que enxergam as possibilidades antes que elas se tornem óbvias."
> JOHN SCULLEY

NEM TODAS AS ÓTIMAS IDEIAS SÃO GRANDES IDEIAS

Durante meus anos na Disney, testemunhei a criatividade e talento inovador da organização se expandir para novas cidades (Paris, Hong Kong, Xangai) e novos ramos (linhas de cruzeiro, *timeshares*); e incorporar novas tecnologias nos negócios do parque temático (Disney My Magic Plus). Essas são as ideias que gosto de chamar de Grandes, Complicadas e Audaciosas – aquelas exigem tempo e recursos de toda uma organização para serem concebidas. Mas não estou falando exclusivamente sobre megaprojetos ou de produtos revolucionários; também estou falando sobre a necessidade de ser criativo e inovador em todos os níveis de uma organização, independentemente do escopo da iniciativa. Às vezes, trata-se tão somente de dar soluções a problemas.

Aqui está um exemplo modesto: às 9h da manhã, quando o Magic Kingdom abria, eu observava as famílias chegando pela entrada principal rumo à primeira atração do dia. Ao passarem pelo Starbucks da Main Street, os visitantes adultos disputavam uma xícara de café antes de enfrentar o dia. Mas a fila podia ser bem comprida no início da manhã, e o tempo era crucial – as crianças estavam ansiosas para chegar às suas atrações favoritas. Como poderíamos facilitar isso para aquelas famílias? Que tal uma fila expressa para servir apenas um café simples? Nada de *lattes* ou *macchiatos* sofisticados, apenas uma xícara simples de café preto. Entrar e sair em menos de 60 segundos. A equipe de Alimentos e Bebidas resolveu o problema abrindo uma pequena estação de café pop-up em frente à Starbucks, equipada com dispositivos portáteis de cartão de crédito e uma configuração simples o bastante para ser desmontada no final do movimento da manhã. As vendas de café aumentaram, os adultos conseguiram sua cafeína e as crianças seguiram correndo para sua primeira atração.

É certo que essa ideia não é do mesmo calibre de novas atrações ou tecnologia de ponta, mas ainda assim é criativa e resolveu um problema. Quantas dessas oportunidades existem por aí? Mais do que você poderia esperar resolver em uma carreira. Esse é um ambiente com muitos alvos! Esses problemas podem não ser tão dramáticos e as soluções podem não custar milhões de dólares, contudo isso não muda o fato de que exigem que se pense fora da caixa. Com muita frequência, essas sugestões surgem dos membros da equipe da linha de frente que conhecem o interior da organização, o que me leva ao próximo ponto.

NINGUÉM POSSUI O MONOPÓLIO DA CRIATIVIDADE

Na Disney, tínhamos a sorte de ter um departamento inteiro dedicado a todo tipo de coisas criativas. Quer estivéssemos construindo uma nova loja, atração, parque ou resort; reformando os quartos de hotel ou os restaurantes; mudando o uniforme dos membros do *cast* ou simplesmente pintando paredes, o processo criativo e de aprovação inevitavelmente passava pela WDI, ou Walt Disney Imagineering.

Durante a maior parte da minha carreira, a Disney esperava que gestores como eu se concentrassem em executar um plano, dando à equipe da WDI o monopólio e o controle da parte criativa. Felizmente, as coisas mudaram nos últimos tempos – para melhor, devo acrescentar. Agora existe uma colaboração muito necessária entre as equipes de design e de operações.

Criatividade e inovação não devem ser exclusivas de uma categoria específica de pessoas com qualificações específicas. Pessoas *improváveis* criaram *acidentalmente* muitas das melhores invenções. E os funcionários da Disney têm ideias incrivelmente criativas, que se deram em situações inesperadas, como quando os membros do *cast* de Zeladoria começaram a desenhar caras do Mickey Mouse com vassoura e água para divertir os visitantes. Ou quando as camareiras foram criativas e passaram a dobrar as toalhas em formatos de animais e surpreenderam os jovens hóspedes do hotel que encontravam as toalhas sobre suas camas. Sem mencionar todos os itens alimentares temáticos, de sapatinhos da Cinderela de chocolate a cupcakes de *Guerra nas estrelas*; todas ideias apresentadas pelos membros do *cast* da linha de frente a um custo mínimo. E, quando se trata de solução criativa de problemas, ninguém está mais bem preparado do que as pessoas que lidam com o problema dia após dia.

PARA QUE ESTAMOS RESOLVENDO?

A certa altura, pensamos que seria bom para o Walt Disney World ter um Mickey "falante". Uma equipe colaborativa da WDI e do Entretenimento trabalhou no projeto, dedicando muitos recursos a essa iniciativa. Decidimos testá-lo no Magic Kingdom antes de lançá-lo no restante do Walt Disney World. O Mickey "encantado" funcionou bem, mas rapidamente vimos que ele tinha pouco impacto na experiência do hóspede. As classificações não foram diferentes com o Mickey falando ou não. Na verdade, a maioria dos nossos visitantes acreditava que o Mickey sempre tinha falado!

O aprendizado aqui foi duplo. Primeiro, o que você considera um problema pode não ser um problema para os seus clientes. Então fique atento ao que eles querem antes de lançar uma nova iniciativa.

Segundo: ao tentar resolver o problema, sempre acompanhe qual é a questão. Se tivéssemos nos perguntado "O que estamos tentando resolver?", teríamos percebido que não se tratava de uma questão. Às vezes, nossa sede de criatividade e inovação nos faz perder o controle.

ACELERE
SEUS RESULTADOS

A criatividade e a inovação vão surgir de iniciativas como:

- Brainstorming em um espaço não tradicional e confortável para o grupo, fora da empresa, se possível.
- Jogos ou atividades interativas para colocar os participantes no mindset certo.
- Perguntas do tipo "E se...", a fim de encontrar soluções criativas para os problemas em questão. (E se não tivéssemos escritórios? E se tivéssemos apenas uma reunião por semana? E se nossos clientes pudessem precificar os itens que vendemos?)
- Uma pessoa para registrar todas as ideias e retomá-las após a reunião para determinar os próximos passos.
- A parte "o céu é o limite" do brainstorming, em que todos complementam as ideias das outras pessoas, sem julgamentos ou limites.
- A parte "vamos aterrissar" do brainstorming, na qual todos começam de fato a avaliar o potencial, os recursos e as necessidades para implementar as ideias boas.

Conclusão

Em uma viagem recente ao Japão, visitei o jardim zen no templo de Ryōan-ji, em Quioto. Passei bastante tempo lá e logo percebi que aquela visão interessante abarcava à perfeição o modo como penso sobre a liderança e o que é mais importante a esse respeito. Acompanhe meu raciocínio.

Esse jardim de dois mil e seiscentos metros quadrados expõe quinze pedras cuidadosamente colocadas sobre cascalho branco em grupos de duas, três ou cinco. Em primeiro lugar, todas as pedras do jardim têm tamanhos, formas e cores diferentes e estão dispostas estrategicamente para mostrar seu melhor lado. Da mesma forma, em sua organização, você precisa se cercar de uma equipe diversificada que apresente talentos diferentes para complementar o seu. Cada pessoa precisa estar em um ambiente onde possa brilhar e impulsionar suas habilidades e seu potencial. Só então você poderá avançar individualmente *e* como equipe.

Em segundo lugar, o jardim Ryōan-ji é uma maravilha da simplicidade. As linhas definidas, o cascalho perfeitamente arado e o fundo simples fazem dele o lugar ideal para meditar. Quando as coisas são claras e objetivas, a atenção plena está ao seu alcance. *A clareza desbloqueia o potencial.* Com um objetivo claro, você como líder pode guiar a si mesmo e a sua equipe com mais eficiência; você tem um impacto maior na sua organização e pode liderar efetivamente por meio de mudanças. Seu sucesso como líder depende de sua capacidade de desenvolver objetivos claros para si e para todos ao seu redor.

Por último, mas não menos importante, a particularidade deste jardim seco é o fato de as quinze pedras terem sido cuidadosamente dispostas de modo que a composição *nunca possa ser vista na íntegra* a partir da plataforma de observação. Independentemente de onde você esteja, será capaz de contar catorze das pedras, mas nunca terá as quinze visíveis a partir de qualquer ponto. Ninguém sabe ao certo o significado por trás da intenção de quem o projetou, e muitas interpretações foram debatidas ao longo dos anos. Pessoalmente, acredito que exista uma mensagem oculta na disposição: o ponto cego.

A vida é cheia de coisas que não sabemos; coisas de que não estamos cientes; coisas que não podemos prever ou para as quais nos preparar; ou coisas que simplesmente escolhemos ignorar; nosso ponto cego. Isso nos torna vulneráveis e propensos a erros. Às vezes, leva-nos a decisões ou suposições irracionais.

Você só pode evitar esse ponto cego com ajuda. No Ryōan-ji, quando amigos estão na plataforma com você, olhando para o mesmo jardim, vocês coletivamente cobrem *o ponto cego*. Como grupo, torna-se possível contar todas as pedras. Muito como o trabalho em equipe permite que você preveja e evite obstáculos e desafios.

É por isso que acredito que os relacionamentos são tão importantes. Seu ambiente de trabalho reflete a qualidade dos relacionamentos que você mantém com sua equipe; melhor ainda, os relacionamentos são *a base da cultura da sua organização*. Eles pavimentam o caminho para o engajamento e o compromisso. Com ótimos relacionamentos, há confiança. Onde há confiança, há empoderamento. Onde há empoderamento, há apropriação. Onde há apropriação, há motivação. Onde há motivação, há criatividade – e exposição a riscos, e resolução de problemas, e resiliência, e, por fim, sucesso. É isso o que uma grande cultura pode fazer pelo seu reino!

Agradecimentos

Mãe, obrigado por sua empatia e por seus aconselhamentos sobre navegar pela vida profissional e pessoal.

Pai, obrigado por seus conselhos e por sua sabedoria, que me deram a confiança necessária para levar uma vida que eu nunca poderia ter imaginado.

Jullian, Margot e Tristan, os pais às vezes se perguntam que tipo de legado vão deixar para os filhos. Seus avós começaram a jornada para sua mãe e eu, e fizemos o possível para ajudá-los a se preparar para sua aventura quando se tornarem jovens adultos. Temos muito orgulho de quem vocês se tornaram e estamos animados em vê-los crescer. Estaremos sempre prontos para ajudá-los.

Valerie, minha esposa querida e editora brilhante. Obrigado por seu apoio e por me acompanhar nesta emocionante jornada. Sem você, não significaria nada.

E, por último, mas não menos importante, Nick, Sarah, Jennifer e a equipe da Morgan James Publishing, obrigado pela magia que reuniu todas as peças necessárias para dar vida a este livro.

Sobre o autor

Dan frequentou a Universidade de Boston, formando-se em 1991, quando obteve um diploma de bacharel em Artes com especialização em Ciência Política. Ávido jogador de rúgbi, foi selecionado para o time Collegiate All-American de 1990 e 1991, e foi capitão da equipe de 1991.

Após se formar na Universidade de Boston, Dan se mudou para a Flórida e trabalhou como funcionário do estacionamento no Epcot Center da Disney. Posteriormente, ingressou no Programa de Trainee em Gerenciamento da Disneyland Paris, como parte da equipe de inauguração.

Enquanto estava na França, trabalhou em vários cargos de gerência de operações do parque. Ele e sua esposa, Valerie, que também trabalhava na Disneyland Paris, se casaram na França e passaram cinco anos lá antes de se mudar para Orlando, em 1997.

Desde então, Dan ocupou vários cargos de operações executivas no Walt Disney World Resort, tanto em parques temáticos quanto em hotéis dos resorts, e se aposentou como vice-presidente do Magic Kingdom, onde liderava 12 mil membros do *cast* e recebia mais de 20 milhões de visitantes anualmente.

Ele obteve seu MBA em 2001 na Crummer School of Business do Rollins College. Além de suas responsabilidades operacionais, Dan foi um palestrante de destaque do renomado Disney Institute por 18 anos. Ele se dirigiu a participantes que se matricularam livremente, bem como a participantes de programas personalizados, incluindo o USAA Bank, a General Motors, o Departamento de Estado dos EUA, o Exército Norte-Americano, a Escola de Negócios da Universidade Metodista do Sul, a Porsche A.G. e a United Airlines.

Dan atuou no conselho do Junior Achievement of Central Florida de 2004 a 2018, e foi seu presidente em 2010.

Após uma carreira gratificante e empolgante de 26 anos na Walt Disney Company, Dan e Valerie decidiram dar início a um novo empreendimento e começar seu próprio negócio de consultoria e palestras.

Eles oferecem apresentações personalizadas e autênticas, oficinas repletas de insights e treinamento individualizado com foco em práticas de liderança e gerenciamento baseadas em sua extensa carreira na Disney, sempre com exemplos relevantes e *storytellings* inspiradores.

1ª reimpressão, fevereiro 2022

Fontes GT ALPINA, WALTOGRAPH
Papel ALTA ALVURA 90 G/M²
Impressão IMPRENSA DA FÉ